山あり谷あり

阿部先輩への思い

南雲　俊一郎

私と阿部さんの出会いは五十数年前の日大の俊英学寮でした。大学三年生の阿部さんは、学生でありながらアルバイトメインの生活、しかも一流のセールスマンとして大いに稼ぎ、当時サラリーマンでもなかなか買えない人気の車「トヨタカローラ」を乗り回すという異端児ぶりを既に発揮していたのです。

私はといえば群馬から大都会東京に来て、華やかなネオンや人の多さ、にぎやかさに圧倒される毎日でした。こんな状況で体調不良を起こしダウンした私を、阿部さんは一晩中寝ずに看病してくれたのです。憧れの先輩であり、スーパーヒーロー阿部さんの優しさに触れ感動したこの出来事は、今でも忘れることのできない寮での思い出の一幕です。

その後群馬に戻って来てからも何かとご一緒して面倒をみていただいていました。

「俺と南雲は坊ちゃん気質で気が良くて優しい、そして内向的なところも気が合うんだよな」。ある日阿部さんがふと漏らしたこの一言が、ずっと気になって頭の隅に残っていました。常に勝ち組で世の中の先頭を渡り歩いてきたと思っていた阿部さんが、坊ちゃん気質はともかくとして内向的？ありえないだろうと。この自叙伝にはそんな阿部さんのすべてが詰まっているのでしょう。

私の拙いイラストを、このような大事な自叙伝に載せて頂き大変恐縮しています。一代で『ルアン』を大きくし銀座本社ビルまで建てた阿部先輩。今までもこれからも、阿部さんは私のスーパーヒーローです。

南雲俊一郎 作

目次

第一章

生い立ち

誕生

私が生まれたのは、群馬県新田郡宝泉村藤久良（現群馬県太田市藤久良）、一九四七（昭和二二）年九月一八日のことであった。

父の阿部喜蔵は渡良瀬川を挟んで群馬の東隣に位置する栃木県足利市の出身であり、実家は農業を営んでいた。宝泉村出身の母、家子と父はお見合いで出会ったようだ。第二次世界大戦が始まる前、二人はすでに結婚し、東京で生活の基盤を築いていた。私には姉が三人いるが、一番上の姉は私より一〇歳上の一九三七（昭和一二）年生まれだったから、結婚したのはそれ以前ということになる。

父は東京神田で縫製業、主としてワイシャツの製造業を自ら営んでいたが、太平洋戦争が激化すると子どもを連れ、宝泉村にあった母の実家に身を寄せることとなった。疎開である。

当時の太田では国内でも屈指の軍需産業である中島飛行機に勤めることとなった。

戦争が終わると、父は石川島重工業（現ＩＨＩ）に転職した。同社は東京に本社があり、単身赴任した。工場ではなく、事務仕事に就いていたようだ。

私が一九四七年に生まれたとき、既に父は都内暮らしで二カ月に一度週末に帰宅するよう

地元のお祭りで（2歳ぐらい）母親に抱っこされている（右端）

お祭り（前列の左）

自宅の縁側で家族と友達（一番右）

自宅の縁側で4、5歳のころ
家族と近所の子ども
（左から2番目）

な状況だった。

三人の姉と私を含め四人の子どもを育てるために、母は宝泉中学校近くにあった実家が所有していた土地をもらい受け、実家に建っていた古い建物を解体移築して、文房具と駄菓子の店「くるみ堂」をオープンしたのだ。

「くるみ堂」での暮らし

私が小学校一年だったときだから、一九五四年ころのことだったと思うが、その店へ引っ越すこととなった。一階の広さ十畳分くらいがお店で、それ以外が住居スペースで、六畳、四畳半、台所、お風呂、トイレがあり、二階に六畳二間があった。

新しい家は、しばらく電気は使えず明かりはランプのみ。水道はなく、自宅に掘った井戸の水を使用したものの、硬水のため沸かすと、まっ茶色になってしまう。そのためお風呂用に水が使えず、週二回くらい一人で母の実家のお風呂に入れてもらった。

母の実家まで子どもの足で二〇分～三〇分。暗い夜道、しかも途中にお墓がある。やっと

幼稚園卒園。6歳のころ

5歳、七五三

のことで母の実家に着き重い門を開けて家の戸を開ける。

「こんばんは！」

子ども心ながらにも遠慮しつつ、「みーちゃんお風呂！」の声がかかるのを待つというのが毎度のことだった。「みーちゃん」はちなみに私のことだ。

そのお風呂が臭くてたまらない。水がもったいないので、二〜三日に一度しか水を取り替えないのだ。しかも農作業した後の汗臭い人が一日四、五人も入り、そのほかに子どもが五、六人も入るのだから、後になるほど風呂のお湯は汚れてしまうのも当然だった。当時、大家族の農家ではどこでも事情は似たようなものだったのではないだろうか。

子どものころの日課

一九五五（昭和三〇）年ごろの田舎では舗装された道路などほとんどなかった。

新しい家に移ってから、車が通ると舗装されてない道路から石が跳ね、ガラスが割れることが度々あった。

そこで母の言いつけにより、石が跳ねないよう、家の前の道路、幅一〇メートル、長さ二〇メートルほどの部分を、竹箒《ぼうき》で掃き、埃《ほこり》を防ぐため隣を流れていた川からバケツで水を汲み上げて撒《ま》くことが私の日課となった。

これは面倒な作業だった。

おかげで、私の肉体は小学生のころから鍛え上げられた。

家の隣に流れていた川は、幅五メートル、深さ五〇センチから一メートル五〇センチほど。そこで時折魚釣りを楽しんだ。「四つ手網」といわれる四角い網の四隅を曲げた竹で支えられた道具で魚を取った。また、水の少ないときは川をせき止めて魚を捕る「川狩《かわがり》」にも挑戦した。

生活に便利な川ではあったが、一方で台風に見舞われると毎回のように氾濫して床下浸水になり、お店の中でも床近くに陳列している商品が濡れてしまうため、上のほうへ移動しなければならなかった。

さらに困ったことには、トイレが汲み取り式だったため、一緒に氾濫してしまうのだ。

くるみ堂

小学生（７歳）のころ、
近所の子と

家族（姉３人と母）と
くるみ堂の前で撮影。
小学校低学年のころ

父と母の喧嘩

東京で単身赴任していた父は、完全に二重生活を送っていた。高校を卒業した長女は父と同じく石川島播磨重工業に就職し、父の住むアパートに同居するようになった。だから、阿部家の家族は二カ所に分かれて生活しているような状況だった。

私が小学校高学年になると、父と母は三カ月に一、二度しか会わないのに帰省するたび喧《けん》嘩《か》するようになった。時にその喧嘩はエスカレートし、父は包丁を持ち出すこともあり、小学生の私はなす術もなかった。

なぜこのようなことになってしまったのか。

三カ月に一、二度しか帰らない父は生来無口な性格なのか、私とはほとんど親しく会話を交わした記憶もない。東京土産をもらったこともなければ、家族旅行はおろか家族で外出した記憶もない。母もそこに寂しさを感じていたのだろう。

母は、家に出入りしていた銀行員と浮気するようになったのだ。やがて父の知るところとなった。父は東京から家に帰ると、

私を呼んで母に聞こえないよう尋ねてくる。

「銀行員は来ているのか？」

「来ていないよ」

私はうそをつくことを常としていた。母に口止めされていたのだ。小学生の私としては、父親にうそをつくことは心苦しかった。それが嫌なので、父親と顔を合わせることを避け、ただでさえ三カ月に一、二度しか会わないのにますます母子家庭化してしまうこととなった。

母の浮気は近所の噂にもなってしまった。母は昼間、文房具の外商のため外出することが多かったが、「昼間から遊び回っている」などと陰口をたたかれた。私が中学生になったころ、「お前のお袋は遊び回っている」などと友人から言われたこともあった。

一方、母の浮気は父がいないときは家族内でももはや隠されることもなく、父の知らぬところで銀行員も一緒に旅行したこともあったくらいだ。

そんな中でも忘れられないシーンがある。

ある日、私が遊びから家へ帰る途中、荷物を持って出かける母がいた。

「どこへ行くの？」

「ちょっと出かけてくる」

小学４、５年生（10 歳）のころ。
母と２人で高尾山へ行った

小学５年生（11 歳）。くるみ堂の前で

何気ない日常の会話に過ぎないと思われるだろうが、家に帰ると柱に寄りかかり泣き崩れる父がいた。姉たちも泣いていた。

その状況から、私は父と母が喧嘩したこと、しかも相当に危機的な状況にあることがすぐに読み取れた。

私の顔を見るなり父は言った。

「稔がうそをついていたからこうなった」

父と母の喧嘩は、私のせいだというのだ。

信じられない発言である。小学生に過ぎない私に夫婦間のいざこざの責任を押し付けようというのだ。そんな父親を信じることができなくなったのは言うまでもない。もちろん、いかに寂しいとはいえ、浮気を続ける母親に対しても不信感を感じた。

しかし、結論として二人は離婚しなかった。定年五〇歳が一般的な時代で、私がまだ中学生のうちに父は定年となって、戻ってきて同居するようになった。正確な時期は分からないが、母と銀行員の関係も終わった。そんなことから、父と母の関係は、元通りかどうかは分からぬが、表面上は平穏なものとなった。定年となったとはいえ、まだ若い父は親戚が経営する会社に再就職し、週末はパチンコ通いという日常を送るようになった。

孤立していた少年時代

　両親に裏切られた思いの強かった私は、小学校高学年になると次第に孤立していき、友達と遊ぶことも減り、プラモデル作りを唯一の楽しみとするようになった。既製のプラモデルにとどまらず、オリジナルのプラモデルも作った。例えば、壊れたおもちゃを分解し、新しいリモコントラクターを作ったり、筒と扇風機を解体、融合して掃除機を自作したこともあった。

　家に友達が遊びに来ることが滅多にない私にとって、プラモデル作りが友達みたいなものだった。

　私は一つのことに夢中になると、極めないと気が済まない性格なのだろう。自分なりに工夫しながら突き詰めることが好きなのだ。そんな私にとってプラモデルはまたとない趣味となった。

　プラモデル作りに集中していると、時間が経つのも忘れてしまい、「ご飯だよ」と何度呼ばれても気付かない始末だった。

　一度始めたことにとことん熱中する性格は少年時代から私の特徴だったが、このころはコ

小学4、5年生のころ

小学4、5年生。母と

小学4、5年生。
近所の子と

ミュニケーションもうまくなく、どちらかといえば大人しい部類だった。

機械いじりが好きな私にとって、少年時代の夢は工学系の仕事に就くことであった。

「野球部やめなさい！」

「中学校に進学したら、絶対に野球をやろう」と心に決めていた。

入学と同時に、躊躇《ちゅうちょ》することなく野球部に入部した。

私が中学校に進んだ一九六〇（昭和三五）年、プロ野球界では巨人軍の長嶋茂雄が破竹の勢いで活躍し、少年野球ファンはプロ野球の結果に一喜一憂するような時代である。私も野球部で活躍することを夢見ていた。

そんな私の思いは、一カ月も経たないうちに、踏みにじられることとなった。母は私に命じた。

「野球部をやめなさい」

小学校のときから算盤《そろばん》塾に通っていたが、野球部のために休みがちになったからだという

小学１年生。
家族と親戚（いとこ）と

小学６年生。同級生と

中学２年生。
前列：私、いとこ、母
後列：姉

のだ。

孤立しがちな小学校時代を送り、今度こそ大好きな野球に思う存分打ち込みたいと考えていた私は、この件を簡単に受け入れるわけにはいかないと思った。

野球に専念したい。

その思いを母に訴えた。

しかし、母は「算盤三級取るまで野球をやめなさい！」と、私に強く迫ってくる。

母はなかなかの策士で、あるとき、私に言った。

「小学校の先生が家に来るから穏も会うように」

「なんだって？」

なぜ、家にわざわざ先生が来るのだろう。家を訪問した先生は言う。

「お母さんは君が野球部をやめないので困っている、もう少しで算盤三級取れるのだから、三級を取ってから、また野球を始めればいいじゃないか？」

先生は、母に頼まれて私を説得に訪れたのだ。

なるほど、三級を取ってから野球部に復活すればいい、と。言うのは簡単だが、復活するのはそう簡単ではないはずだ。

私は、一度野球部をやめたら同級生の手前、二度と野球部へ戻れない、そう思っていた。

小学6年生。算盤塾の帰りに友達と（前列左）

ここで野球部をやめることは、多分一生野球をやらないことにつながるかもしれないのだ。私がそこまで思い詰めているとも知らず、母も先生も説得を続けた。

結局、私が折れた。

なぜ、母はそこまで算盤にこだわったのだろうか。

デジタル化が進んだいまでは想像もつかないが、昭和の時代、子どもの習い事として最も一般的なものが算盤と書道だった。多くの子どもたちが、近隣の算盤塾や書道塾に通った。特に算盤を身に付けることは、商売人でもある母にとっては将来的にも重要な素養だと考えたのであろう。実際、算盤三級があれば就職にも有利だった。私の説得のために、卒業した小学校の担任まで動員するのだから、よほど算盤を重要視していたのだ。

仕方なく野球部をやめ算盤塾へ通い、数カ月後に三級試験に合格した。

体操部への入部

合格と同時に算盤塾をやめた。

「義務は果たした。もう十分だろう」という気持ちだった。母も塾をやめることに、それ以上何も言わなかった。

そのとき、野球部への復帰は諦めていたので、何かほかの運動クラブへの入部を考えた。

親類同士でもある友人が体操部にいたので、特に深く考えずに体操部に入部した。

しかし、体操部は退廃的な雰囲気のただよう部活だった。ほとんど誰も練習に出てこないのだ。

練習環境が悪かったからだろう。

そのころ、宝泉中学校に体育館がなかったため、体操部といえども練習は屋外だった。まず、地面にゴザを敷いて、その上に倉庫から出したマットを敷く。しかもマット一枚だけでは練習ができないから、何枚も敷かなければならない。重い跳び箱も倉庫から運び出す。練習の前に面倒なことが山積みなのだ。練習が終わったら、当然、疲れた体で倉庫に片付ける。

それでも私は新たな部活動に燃えていた。

私は練習に出てこない部員に言った。

「全部私が用意するから一緒に練習しようよ」

それでもなかなか出てこようとしなかった。顧問の先生です

群馬県立体育館で。中学時代の体操の大会

中学２年生。体操をしていた中学校の校庭で

ら、練習に出てこない。

落胆はしたものの、自分にできることは一生懸命打ち込もうと思った。

一人で練習することがほとんどだった。それでも毎日練習を欠かさなかった。小学校時代から孤独には慣れていた。独りぼっちの練習が寂しかったのは事実だが、苦にせず打ち込んだ。

小学校時代、道路の竹箒掃き、水撒きを続けたことで筋力がついていた私に、体操は向いていたのかもしれない。

努力の甲斐もあって、三年生のとき、宝泉中学校で初めて県大会出場を果たした。

体操を真面目にやっていたおかげで、学校で行われる朝のラジオ体操では、私が壇上に上がり、いつも皆の指揮を執る役目を命じられていた。体育祭では校庭の真ん中に鉄棒、マットを用意され模範演技をさせられたが、誇らしい気持ちもあった。

店番と母の日

私の家は、中学校のすぐ目の前にあった。

中学１年生のとき。
同学年のいとこの家の前で、いとこと撮影

中学２年生のとき。家の縁側でいとこと撮影

文房具店を営むには、絶好の場所でもあった。

しかし、私にとってはそれが苦痛だった。

下校時には、文房具の補充のため、同級生が立ち寄ることが頻繁にあった。

その時間に母が外出している場合、店番を命じられるのが私だった。

思春期ゆえ、同級生の女の子が来るとたまらなく恥ずかしかった。特に好きなタイプの女子が来ると逃げ出したくなったのだ。実は幼稚園時代からずっと片思いをしていた同級生がいた。その子に見られるのが、特に嫌だった。

中学生になってからも、道路の水撒きと竹箒で掃除をしている姿を見られるのも苦痛にほかならなかったが、部活動が終わってからの下校タイムは私にとって最悪の時間帯であった。

店番を命じる母を恨んだものだが、中学校二年生になるころは両親の仲も良好に戻っていたことは、私にとってなによりうれしかった。

あるとき、母の日にプレゼントしようと考えた。しかし、私はお小遣いをほとんどもらっていなかったので、物を買うことができない。

そこで、私が考えたのは物ではなく、気持ちで示そうということだった。

母の日、私は家族が寝静まっている早朝に起きて家中を掃除した。母が起きたときに言った。

中学３年生、母と自宅で。
テレビが一般家庭に
普及しはじめた

中学校の修学旅行。
箱根・大涌谷

中学３年生。母校の宝泉中学校で

「今日は母の日、何もプレゼントできないから掃除をしておいた」

このとき、母はとても喜んでくれた。その笑顔は、いまでも忘れられない。

部活動に加えて、朝夕の掃除、店番などで忙しかったこともあり、家ではほとんど勉強しなかった。

とはいえ学校での成績はまずまずで、特に得意科目の数学は校内でトップクラスだった。先生は「滑り止めは受験料がもったいない」と言い、地元の太田高校しか受験させてくれなかった。太田高校は太田市周辺を代表する進学校であり、一校のみの受験者は決して多くない。私立高校も受けるのが一般的だ。私は先生の言葉に従い太田高校のみしか受けなかったものの、幸い合格することができた。

理系から文系に転身

高校へ入学すると、早速体操部へ入った。だが、太田高校の体操部は部員が少なく、実績もなかった。

高校２年生。体育館で撮影

高校２年生のときのスキー合宿

学校自体、勉強が中心でクラブ活動に対する位置付けは明らかに低かった。

高校では試験が数多くある。そのたびごとに試験の一週間前から試験勉強のためにクラブ活動が休止される。

勉強のためにクラブ活動が休止されることは、私としては納得できなかった。そのため試験前であろうと試験中であろうと、私は一人で体育館にマットを敷き、練習に打ち込んだ。せめてもの抵抗の意思表示であった。

あるとき、世界史担当の新任の先生に聞いた。

「先生は何で先生になったのですか？」

「他にやることがないから」

その答えに怒りを覚えた。

「そういう考えで先生になる人がいるから困るんだよな！」

そう言うと、先生は笑っていた。

その後、その先生は高等学校教職員組合（高教組）の役員になり委員長になったらしい。やはり目的は違ったのだろうか？納得できない出来事だった。

三年生になるとクラスが進路別になる。文科系か理科系に分かれるのだ。二年生のうちにどちらにするか決めることになる。私は機械が好きなので理科系へ進もうと思い、三年生で理科系のクラスに編成されることとなった。

しかし、三年生への進級を直前に控え、考えが変わった。

「将来機械の一部になるより、体操が好きだし、人と触れ合い、人間対人間の仕事の方が、やりがいがあるのではないだろうか。そうだ、教師を目指そう」

こう考え、一旦は決めた進路を三年になってから変えてもらった。

当時の太田高校は、理科系三クラス、文科系四クラスである。それぞれが成績順のクラス分けとなっていた。

なぜか私は文科系で一番成績の良いクラスに振り分けられた。

私は勉強が嫌いだったし、熱心に受験勉強をした記憶はない。

最上位クラスの中で私の成績は下の方で、クラス担任は授業中に口癖のように言った。

「阿部がクラスの平均点を下げている」

太田高校２年のころ、
体操で鍛え上げた

赤城大沼で泳いだ

体操大会にて

文化祭実行委員長での奮闘

小学校時代、孤立し、コミュニケーション力もどちらかといえば下手だった。中学時代も生徒会長をやるような立場でもなかったが、ラジオ体操の指揮、体育祭での模範演技などをやらされていくうち、人前でなにかをすることに対して、苦手意識はなくなったようだ。

高校時代、部活動には打ち込んだものの目立つような成績は残せなかった。最上位クラスではあったが、そこで平均点の足を引っ張る状況だった。つまり、自分としてはそんなに目立つ存在という意識はまるでなかったが、どういったわけか文化祭実行委員長の役が回ってきたのだ。

これは大役である。

これだと思ったことに対しては、とことん熱中する性格の私は、この役を全うすることに決めた。

創意を凝らし、いろいろと企画した。

例えば、各クラスの担当する太田市内を回る仮装行列では、市内の商店を訪問して協賛のお願いをした。一番良いと思ったクラスに賞品を出してもらう交渉をして回って、表彰する

文化祭で行われた仮装行列

高校の文化祭の仮装行列

こととしたのだ。このとき、協賛してくれた商店はたくさんあった。

また、せっかくだから多くの集客を実現しようと、太田市役所に出向き、「太田高校が文化祭を開催するので、市の広報車で宣伝してほしい」と頼み込んだ。いまから思うと、県立高校のために市役所に特別の宣伝を頼み込んで許可が出るとは思えない気もするが、なんと許可が出て、広報車での宣伝が実現した。

そのおかげもあって、文化祭は大盛況となった。

私も高校入学以来、最も大きな充実感を感じることができた。

卒業間際の荒業

体操部の部長、文化祭の委員長と、私の高校生活は自分なりに充実していたが、周囲も含め太田高校での高校生活というものに常に疑問を抱いていた。

太田高校は創立一八九七（明治三〇）年という群馬県内三番目の長い歴史を持つ伝統校で、素晴らしい人材を数多く輩出してきていた。それなのに、先生も生徒も有名大学に合格することしか考えていないように思えた。

「これでいいのか？受験だけの高校生活でいいのか？」

私は、この疑問をみんなにぶつけずに卒業できないと思い、筆を執った。

タイトルは「運動部、文化部不活発化の原因は何か？」。

その趣旨は次のとおり。

「先生も生徒も有名大学へ入ることばかり夢中になり、人間形成に力を注ぐのを忘れている。今の高校生活は灰色だ。太田高校は伝統があっても光がない！」

Ｂ４用紙に思いの丈をぶつけ、一気に書き上げた。

「生徒会・クラブ不活発化の原因は何か？

本校は伝統があって光がないと言う言葉は私が一年生を前にしてクラブ紹介の時に言った言葉である。太高の運動クラブの名前が新聞紙上から消え生徒会はあるのかないのかわからないような存在である。この原因は何かそれは予備校化であると私は一言で言い切る。先生が大学入試に追い回わされ一人でも有名大学へ上げようとそんなことにばかり喜びを感じ大事な生徒の人間形成に力をそそぐのを忘れている。今の運動クラブの現状は私のクラブを列をにとって言えば部員は一年が二名こんな状態であるこれを読んで皆は笑うかもしれないしかしその笑いは私のクラブへではなく自分の学校この太田高校を笑いつまりは自分を笑っていることになるのである。クラブに顧問の先生がいるというのは名ばかりですこしも教えてくれないおしえてくれないどころか少しも顔を出さない。それゆえ部員の中では顧問の先生の顔すらもしらないというものさえいる。たとえ先生が顧問になってそのクラブを教えるだけの技術をもっていなくても部員と共にそのクラブについて研究し一週に一度でもよいから顔を出してくれれば部員はどんなに心強いかしれない。私の言いたいことは入試は大事かもしれないしかしそれ以上のものを先生は忘れている。太高発展のためにも先生と生徒が協力しあい一致団結してこのような問題を解決することを心からねがう!!」

一種の檄《げき》文である。

冬休み前に全校生徒と先生の分、約一二〇〇枚をガリ版で刷り上げた。それ

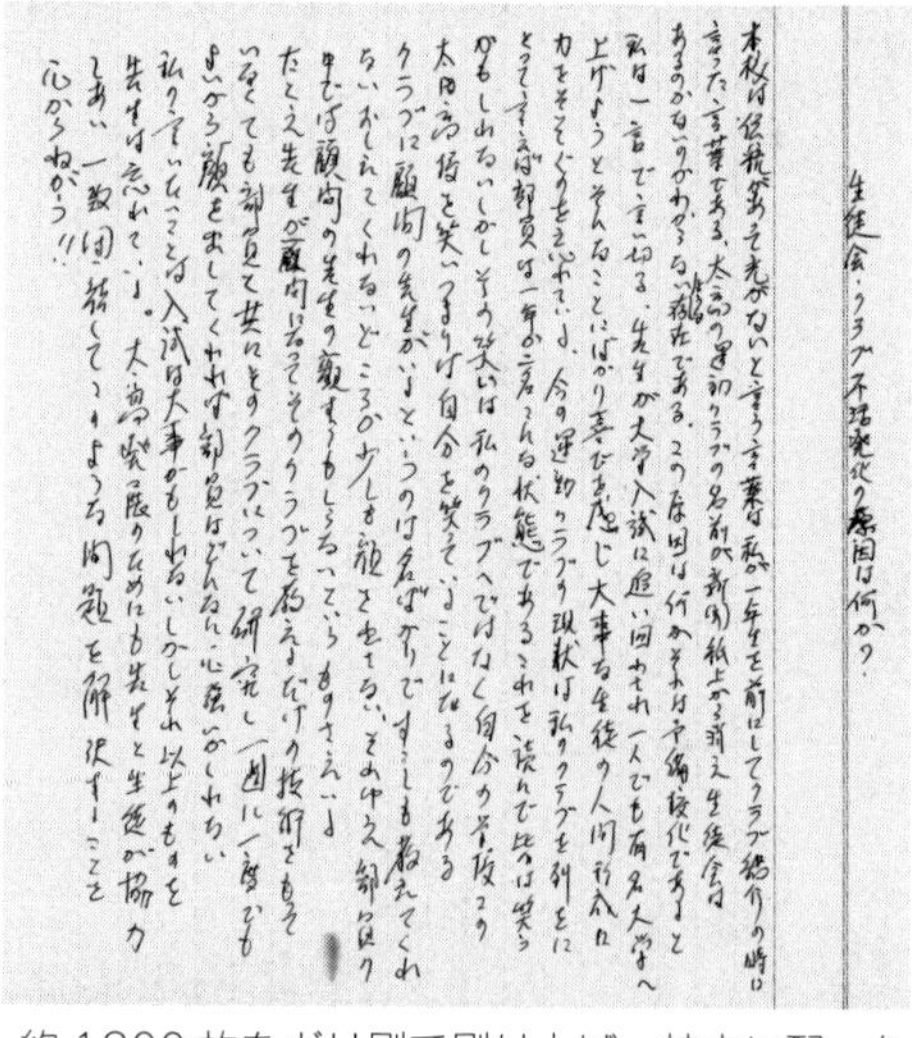
生徒会・クラブ不活発化の原因は何か?

約1200枚をガリ刷で刷り上げ、校内に配った「運動部、文化部不活発化の原因は何か?」

を、一月七日の早朝、みんなが登校する二時間前に登校し、一年生から三年生の机の上、教職員、校長の机の上に置き、生徒用、先生用のトイレにも貼っていった。

登校時間が来ると、校内中大騒ぎとなった。

授業中にもかかわらず校長室へ呼ばれた。校長、教頭、教務主任がいる中で、冒頭、教務主任が質問した。

「阿部君、君は誰かに扇動されたのか?」

「いいえ、一人でやりました」

これは、私にとって予想外の質問だった。その内容の真意を聞かれるか、激怒されるのかのどちらかだと考えていた。

なぜこのようなことが質問されたかというと、校長が代わったばかりで、反校長派が私を扇動し、新しい校長を追い込むためにやったのだと思われたのだった。

私が否定すると、ようやく内容の話になった。

「君は高校生活が灰色と思っているのか?」

「思っています。有名大学へ入ることだけが目標では、個性のある優秀な人間は育たないのではないでしょうか」

こんな具合に、話は一時間ぐらい続いた。

高校２年生のときの
京都修学旅行

高校３年生の時、ロータリークラブから表彰される
(高校生の時活躍した３人の生徒に表彰)

当時の太田高校

大学受験の顛末

周囲の高校三年生がまさに受験一色の日々を過ごしていた一二月から一月初めにかけて、私は高校時代最大とも言うべき一大イベントに力を傾けていたわけだ。さすがにその後は、もう間近に迫った大学受験に向き合わなければならない。

私は打ち込んできた体操を生かすべく、体育学科のある大学ばかりを受験した。このころ、将来、体育の教員になろうと考えていたのだ。

受験大学は、東京教育大学（現筑波大学）、群馬大学、早稲田大学、日本大学の四校。体育学科の試験の多くは、実技五〇%、学科五〇%で評価される。私の場合、実技は走るのも、投げるのも最下位に近いレベルだった。体操だけの成果では、結果は知れていた。

東京教育大学、群馬大学の国立二校に不合格となり、私立の難関、早稲田大学にも届かなかった。

しかし、日本大学に合格した。

わたしは、その結果を持って校長先生のもとへ報告に行った。

「校長先生、いろいろご迷惑をかけました、おかげさまで日本大学へ合格し、これから体育の教員を目指し頑張ります。ありがとうございました」

校長先生は笑顔を浮かべながら、喜んでくれた。

「それは良かった、頑張って立派な教師になってくれ」

校長先生は、私を快く見送ってくれた。

これは後で聞いた話になる。私の卒業直後の新入生の入学式で、校長先生はこう言ったらしい。

「君たちの先輩で『太田高校は伝統があっても光がない』と言い残して卒業した先輩がいる。君たちが太田高校に光、あらしめるように頑張ってほしい」

校長先生は、私の言ったことを認めてくれたのかもしれない。そのときの入学式に出席した、ある保護者が私の母に「お宅の息子さんのことを話していた」と教えてくれたのだ。

日本大学への入学が決まると、私は母に申し出た。

「家にお金がないのに国立大学へ行けなくて申し訳ない。ここに今まで貯めたお金が三万円ある。入学金の足しにしてほしい」

当時の三万円といえば、現在の三〇万円程度に相当するだろう。私はふだんはほとんどお小遣いをもらっていなかったが、お正月に親戚からもらったお年玉を使わずに貯めていたのだった。

第二章

ビジネスへの目覚め

大学生活がスタート

日本大学の入学式は、両国にある講堂（現両国国技館）で行われた。日大はマンモス大学であり、入学式の学生数に圧倒されるほど途方もない規模だった。

当初、姉の紹介で階段下の三畳くらいの小さな部屋を間借りした。これは、さすがに狭過ぎるなんていうレベルではない。ほどなく同じ体育学科の友達のホームステイ先へと潜り込んだ。

その後、大学に寮があることを知り、一年生の途中であったが、推薦を受けて入寮できることとなった。

大学寮の快適さは素晴らしかった。

二人部屋ではあったものの、鉄筋コンクリート四階建て、スチーム暖房付き、各階に当時にしては珍しい水洗トイレ、洗濯機、一階に賄い付き食堂、談話室、地下にお風呂、卓球室、現像室まで完備されていた。この寮は本部直属で特待生を対象としたものだったから、毎年

成績が悪いと出されてしまうのだ。入寮時には「まあ、なんとかなるだろう」と考えていた。

寮の名前は「日本大学武蔵俊英学寮」。名前にある通り、武蔵野市にあった。

一年生から四年生まで一〇〇人、各学部均等に振り分けられている。文理学部、経済学部、法学部、理工学部、医学部、歯学部、芸術学部、農獣医学部、商学部などと、学生の所属もさまざまだった。文理学部体育学科の学生は、寮の中でたった二人、私と四年生の先輩だけだった。

ある母の日に、寮にいるため、今度は家の掃除というわけにはいかない。

そこで、詩を贈ることにした。ただ、自分には、気の利いた詩を書く能力はない。

だから、サトウハチローの詩集『おかあさん』の中から、一番好きな詩を選び葉書にカーネーションの絵を添えて贈ることにした。

「アルメニアの花は花壇の縁取り、我が母は我が家の縁取り、その縁取りのお陰で我が家はいつもつつましく明るい」

母はとても喜んでくれた。

大学のときに母校宝泉中学校で体操部を指導した。部員数もだいぶ増えた

日本大学武蔵俊英学寮全景（昭和 41 年）

入寮時

大学１年生のころ、
寮の仲間との旅行
（前列左から２番目）

大学でも体操部に

入学と同時に体操部へ入部した。

だが、そこは当然ながら宝泉中学校や太田高校のレベルとはわけが違った。体操部専用の立派な体育館が用意されていたほどだ。

体操部には全国から推薦を受けた強者たちが集まっていた。一年生だけで三六人、四年生まで合わせると一〇二人になる大所帯だった。それこそ、多くは全国上位の実力者たちだ。コーチには、東京オリンピックのゴールドメダリスト、遠藤幸雄さんや早田卓次さんがいた。

私には何か遠い世界だった。場違いといってもいいくらいである。

高校時代群馬県代表にもなれなかった私は、それでも「やるしかない。せめて群馬県代表になろう」と決意して、国体を目指し日々練習を重ねた。

そんな私に大きな試練が訪れた。

二年生の夏休みに里帰りし、つり輪の練習をしていたとき、着地に失敗し足の骨を折ってしまったのだ。すぐに地元の整形外科で診てもらい、しばらくの間ギプスをはめられ、松葉

大学1年のころ

日大の体育館でつり輪演技・跳馬演技

杖生活を余儀なくされた。

足も痛かったが、体操の練習にブランクができてしまうことも痛かった。

数カ月後、ようやく完治し、学校に戻って体操を再開することが叶《かな》った。

私は当時から、律義な性格だったのか、診てもらった整形外科の医師に対して、「先生その節はいろいろとお世話になりました、おかげさまで元気で体操しています。ありがとうございました」と手紙を送ることを忘れなかった。

アルバイトへの挑戦

体操部の練習が終わると部員たちは帰りがてら食堂へ寄る。誰もが空腹で、それは私も同じだった。しかし、お金がない。我慢して一時間かけて寮へ帰れば、夕飯が用意されている。だから、私は仲間が食べるのを我慢して見ていた。特に体育会系の学生はハードな練習を支えるため、みんな食欲が旺盛だった。食べるのを我慢するのは、本当に苦しいことだった。

「食べ物くらいお金を気にせずおなかいっぱい食べたい」

大学生のころ。中学体操部の後輩と

私は日々空腹を募らせ、何とかしたいとの思いを強めていた。

「そうだ、アルバイトをしよう」

こう考えて、新聞に載っている求人広告に目を通した。私の目に留まった、ある求人広告があった。

「学生アルバイト募集、英語を学びながら収入が得られます。ブリタニカ」

「英語を学びながら」というところと報酬の高さに惹《ひ》かれ、説明会に参加してみた。説明会が行われた新宿西口のビルには二〇〇人余りの学生が集まった。

こんなにたくさんの学生がいるのでは、とても私など採用されないだろうと圧倒された。

あっちこっちの大学に不合格となった私としては、まったく自信が持てなかった。

その説明会によると、選考の手順とは次のようなものであった。

まず、一〇日間の研修を受け、その後、テストを行う。「研修さえしっかり受ければ、テストには合格できる」と説明された。

とりあえず研修を受けてみることとした。

大学でアルバイトの話を講師に相談してみた。講師は否定的だった。

「実は、私もそのアルバイトをしたことがある。そのアルバイトは、かなり厳しいものだからやめたほうがいいのではないか」

私は講師の話を黙って聞きながら、考えていた。

「先生にできないからといって私にできないことはない。ここで諦めたら私は先生以下になってしまう。先生を超えることはできない」

一〇日間の研修では、ブリタニカの紹介と、日本における普及、そのためのアルバイトの必要性についての説明がなされた。ブリタニカとは元来百科事典の会社であり、もともとイギリスにあったが、今はアメリカに移され、日本には支店がある。ブリタニカを日本で普及させるために、特別の英語教育のプログラムを組んだ。そのプログラムに協力してくれる人を皆さんで探してほしいということだった。

アルバイトのシステムとしては、そのプログラムへの協力者を一人探すと、報酬として現在の価値に換算し約十二万円が支給される。その協力者は英語教育のプログラムのために、現在の価値に換算し約一二〇万円を支払うという仕組みである。簡潔にいうと、一二〇万円の百科事典を売ると、十二万円のコミッションがもらえる。

そのポイントは、会社側は「これはセールスではなく、特別プログラムを協力者に安く提供するもの」だと主張していたことであった。

このときは、私もそう信じていた。

さらに研修中に、アルバイトを始める上での仕組みについてもマネジャーから説明された。

「このアルバイトをやるにはアメリカへのエージェント登録が必要で、その費用は現在の価値で二万一六〇〇円。名刺代として一八〇〇円、研修最後の日に支払ってもらいます」

この話を聞けば、「いや、おかしいぞ」「詐欺ではないか」と思う者も少なくはないはずだろう。

だが、当時の私は社会経験もなく、「そんなものだろう」と思ってしまっていた。

研修最後の日、テストが行われた。内容は簡単で、私は合格した。

母に頼み込んで用意してもらったエージェント登録料と名刺代を支払った。

後で分かったことだが、お金を払えば誰でも合格だった。

しかもそのエージェント登録料はアメリカの本部ではなく、全て日本支店のマネジャーの懐に入る仕組みだった。ぼろ儲《もう》けである。研修は月二回行われ、プログラムが売れなかったとしても、エージェント登録料だけで大金が入るシステムなのだ。

合格後、私は言われるままに従った。

最初は電話が五〇台くらい並ぶ電話ルームで渡されたカードに電話する。

「ブリタニカと申しますが、ただいまお子さまのための英語教育のアンケートを実施しております、ご協力お願いできますでしょうか？」

これが切り出し方である。続いて、次のように畳みかける。

「英語教育に関心ございますか？」

「何かお子さまのために英語教育をやっておりますか？」

「わが社が考えた英語教育のプログラムについてぜひご意見を伺いたいのですが？」

「ご主人とおそろいのところで」

「何時くらいにお邪魔したらよろしいでしょうか？」

まず、朝、登校前にブリタニカの事務所に行き、そこからアポ取りの電話を一時間に二〇本かける。

アポイントが取れるのは一本がいいところだ。そのアポに対し、夕方会社に戻り確認の電話を入れる。

「今日これからご主人さまとおそろいのところで、ご説明に伺いたいのですがよろしいでしょうか？」

返答はだいたいお断りである。

「今日は都合が悪いのでけっこうです」

「主人に話したのですが、うちはけっこうです」

アポが取れるのは、五本に一本といったところ。

つまり、一〇〇件電話をかけて一件の確定アポがようやく取れるくらいだったのだ。

この時点で、研修を受けた二〇〇人は、わずか二〇人になっていた。あまりの厳しさに、初期投資を回収することなくやめていった。

私は諦めなかった。

母から貰った貴重なお金を捨てるわけにはいかない。絶対に元を取る。そう心に誓っていた。私の性格は意外にも執念深いのだ。中学生のとき野球を諦めて深い後悔の念にさいなまれた経験があるだけに、簡単に諦めてなるものかとの思いが原動力にもなった。

ブリタニカのシステムでは、確定アポを持ってアルバイトの先輩に付き添い、お客さまの前で説明することを三回経験しないと説明キットを渡してもらえない。確定アポを取ったとしても、それだけではまだ仕事ができないのだ。

しかも電話をかけなくとも毎日電話代が徴収される。現代の視点で冷静に考えれば、これはかなりの「ブラックバイト」と言ってもいいだろう。

ようやく説明キットが手渡され一人前として仕事を始めるころは、二〇〇人の仲間は一〇人ほどになっていた。

「この調子では、一年後には俺しか残らないかもな」

学園紛争に見舞われる

一九六八（昭和四三）年ごろから、日米安全保障条約に反対する学園紛争が嵐のように吹き荒れた。日大では、授業は学生にボイコットされ、仮校舎でたまに行われる程度になってしまった。

この学園紛争は学生による大学体制への不満に始まり、政治やアメリカに対しても向けられ、日大、東大をはじめ全国への大学へ飛び火し、大掛かりなものとなっていった。

中でも日大や東大での闘争が激しかった。一般的に学園紛争に情熱を燃やす学生に対し、体育会系の学生は右派が多く、反学園紛争という立場に近かった。中には「学園紛争潰し」の活動に身を投じる体育会系の学生も少なくなかったのだ。

東大同様、日大もバリケードで封鎖された。私はそれを外そうとしてもみ合いになり、角棒で殴られてしまったことがあった。

東大の安田講堂が全共闘にとって最後のとりでとなった。機動隊の放水車と中にいる学生とで攻防が繰り広げられ、学生が陥落する姿がテレビで中継された。そんな騒然とした時代だった。

バリケード外しに参加した私ではあったが、学園紛争潰しに情熱的だったわけではない。

アルバイトを始めていた私にとっては、学園紛争で授業がたまにしか行われないことは、逆に都合が良かったのだ。

アルバイトに夢中

世間が学園紛争、全共闘で騒がしい中、私はアルバイトに専念した。

日曜日は、飛び込み営業の日である。朝七時に会社に集合、仲間とともに電車に乗り、目標と決めた地域で降り、二〇〜三〇人で地域を分けて、九時ごろから団地を一軒一軒訪問していくのだ。

もちろん、ほとんどドアを開けてもらえることはない。

飛び込み営業は、いつの時代も厄介者扱いなのだ。ひどいときは三〇〇軒回っても一軒もドアを開けてくれない日もあったほどだ。

犬に吠えられ、雨の日はずぶぬれになりながら、売れない日は午前〇時に訪問を仕掛けたこともあった。今の時代なら、警察に通報されても文句は言えまい。

交番へセールスに行ったこともあった。一九六八（昭和四三）年といえば、三億円事件がトップニュースとなった時代である。府中市で現金輸送車が偽白バイの警察官に変装した男に騙《だま》され、三億円が盗まれた事件である。このときは、怪しまれて取り調べを受ける羽目になった。

大学時代。アルバイトに熱中しているころ

トップセールスとして貰ったブリタニカセット

こんな難業苦行を一カ月も続けたころ、初めての契約が取れた。

天にも昇る気持ちだった。

そこは八王子地区で、相手は普通のサラリーマン家庭だった。

以来、週一件のペースで契約が取れるようになった。現在の貨幣価値に換算すると、ほどなく月の収入が六〇万円ほどになった。

一体、私のなにがよかったのだろうか。ただ、最初は「諦めるもんか」の一念ではあったが、経験を積むうちに説得力のあるセールストークができるようになったのだろう。私も断られたときは、仲間と同様に落ち込んだものだ。

やがて私はトップセールスになり、ブリタニカのセットを貰った。

「ブリタニカのアルバイトをやめた方がいい」と言った講師の先生にも、骨折を治療してくれた整形外科の先生にも買ってもらった。

私がトップセールスになるころには、二〇〇人の同期はほとんど残っていなかった。

少し贅《ぜい》沢《たく》がしたくなった。

当時、現在の貨幣価値に換算し六〇〇万円するトヨタカローラをローンで買った。トヨタカローラといえば、大衆車というイメージがあるが、一九六〇年代の後半ころ、まだ普通のサラリーマンには高嶺の花だったのだ。ましてや学生で車を持っている者など皆無に等し

大学４年生の時、アルバイトで稼ぎカローラを購入

かった。

ブリタニカでのアルバイトでは、二年目に入るころからは研修会の講師をやる立場となった。二〇〇人くらいを前にしての講師役、まだ私は二一歳だった。

そのころから私の夢は、教員から実業界での活躍へと変貌した。

「自分の力を実業界で試してみたい」

「人に体操を教えることは、実業界で成功することができれば、将来、例えば、フィットネスクラブをつくって実践することもできるだろう」

アルバイトにほとんど全ての力を集中する一方、寮ではそんな私の行動が問題となった。

「阿部はアルバイトばかりしている。寮の行事に参加するつもりもないようであるし、寮から出ていってもらった方がいい」

こんなことを言われていた。先輩からは「風呂掃除したのか?最近寮の掃除やっているか?」などと厳しく言われる始末だった。

そのころ、私の学生生活は完全にアルバイトオンリーとなっていた。

朝早く寮を出て帰りは夜遅く、寮の庭は駐車場代わりとなっていた。門限の一一時を超えることも頻繁にあり、門が閉まっているときは塀を乗り越えて入る。もちろんほとんど寮のミーティングにも参加できなかった。

「これでは日本大学武蔵俊英学寮の名前を汚す」

そんなみんなの言い分ももっともだと思った。とは言っても既に大学四年になろうという時期、今さらアパートを探す気はさらさらない。おとなしくしているしかなかった。

突然の発症

私の快調なアルバイト生活に衰運の兆しが見え出したのは、大学四年の夏のことだった。体重が徐々に減り始め、乗車するときに運転席に腰掛け、脚を車の中に入れようとすると、膝から脚の付け根にかけて筋肉が思うように動かないのだ。

何かがおかしい。

嫌な予感がした。

それから徐々に階段を上がるのに脚の筋肉がつるようになり、朝、目が覚めても体がしばらく動かない。三〇分くらい経たないと、起き上がれない有り様だった。

「これは尋常ではない。悪い病気なのではないか」

日大病院へ行って精密検査を受けた。

甲状腺機能亢進症（バセドー病）との診断だった。バセドー病は甲状腺ホルモンが過剰に分泌される病気で、動悸《どうき》や息切れ、手足の震え、疲れやすさ、だるさなど多岐にわたる全身症状が起こる。食欲はあり実際に食べられるのだが、痩せていってしまう。人によっては死に至る病となるのだ。

トップセールスで浮かれていた私は、急転直下、どん底に突き落とされる思いだった。

「いつまで生きられるのだろうか」

死を意識したのは、このときが初めてだった。

すぐに入院し、投薬治療が始まった。絶望的な気分からスタートした入院生活だったが、幸いにも薬を飲むと体調は好転していった。四〇日ちょっとで退院した。

退院したころには、卒業論文の提出期限が迫っていた。じっくりとゼロから始める余裕はもはやなかった。一年生のときに研究していた「アキレス腱についての研究」をまとめ直してなんとか提出にこぎ着けた。

入院を機にブリタニカのアルバイトはやめてしまっていた。お金も尽きてきて、車のローンが払えなくなりそうだった。

お金を稼げれば何でもいいと思い、寮の近くで募集していた電気部品製造会社に応募した。工場内で発電機にハンダ付けする仕事である。ラインで回ってくる発電機に、素早く正確にハンダ付けをしていくもので、ロボットのようなものだった。

軽作業である。

工員たちは、お昼休みを楽しみに黙々と作業に打ち込んでいた。

「この作業、よくみんな我慢できるな」

性格の違いによるものだろうが、私にはとても耐えられなかった。

二度とこのような仕事に従事することはないだろう。「お金を稼ぐ」「経験を積む」ことのみを考え、私もロボットのように働いた。

そのころ、実は私はピンチに陥っていた。

大学の先生たちの間で、「阿部を卒業させるかどうか」が議論の対象となっていたのだ。アルバイトで学校を休みがちだったこと、卒論の内容が不十分だったことが問題視されたのだろう。

卒業、そして就職

昨今の就職活動は三年生でインターンシップ、そして三年の終わりごろに説明会が行われ、四年生の夏前にはほとんどの学生が内定を取得する。それを考えると、昭和の時代はずいぶんとのんびりしていたものである。

それでも四年生の秋から冬にかけて、寮の同級生はほとんどが就職先を決めていた。大手銀行、教師、商社マン、地元一流企業など、決めていないのは私だけだった。

「新聞を見ればいくらでも就職先はある。実力があればどこでも入れる」

ブリタニカのアルバイト経験から自分に多少の自信はあった。

卒業許可をもらった私は、ようやく就職活動をすることにした。

私は外車好きだった。手っ取り早く外車に乗るには、外車のディーラーに勤めるのが最適と考え、東京中の外車ディーラーをくまなく訪問した。

しかし、断念せざるを得なかった。

どの会社も給料が安い。これでは車のローンが払えない。外車ディーラーに勤めていながら、カローラのローンが払えないというのでは冗談にもならないではないか。

これからは不動産の時代が来るはずだと考えた私は、不動産について勉強しておく方が将来に有利だろうと思った。新聞の求人広告を見て不動産会社を数社受けた中から、東中野にある三栄不動産に入社することに決めた。

三栄不動産は富士山の裾野にある忍野村の別荘地を販売する会社だった。週末に別荘地を案内するお客を見つけるため、一軒一軒飛び込み訪問する営業である。

私はこの手の営業活動にはブリタニカで慣れていたため、苦ではなかった。

しかし、営業のメンバーたちの体たらくは目に余った。係長をはじめ「行ってまいります！」と会社を出た後、グループでそのまま喫茶店へ直行、みんなでモーニングを食べに喫茶店。お昼になると会社へでたらめの報告をし、午後はパチンコ、仕事はほとんどしないのだ。さぼり方とごまかし方だけは一人前だ。

「こんな連中と一緒にいたら人間が駄目になってしまう」

そう思った私は一人で行動することに決め、頑張って営業した。その結果、週末にお客さまを案内する数は私が一番多くなった。

再びブリタニカ

不動産会社に入社して三カ月ほど経ったとき、ブリタニカの上司だった宮島さんから「ブリタニカの支店を横浜に開くので、手伝ってくれないか」と連絡をもらった。

不動産会社は仲間たちの仕事ぶりにいらだっていたこともあり、私は早速会社を辞めて、宮島さんを手伝うことにした。

毎日、愛車のカローラで第三京浜を走って横浜まで通った。しかし、学生時代ほどの実績を挙げられず、なおかつ給与も支払われなかったのでアパート代を支払えなくなった。

このことを宮島さんに言ったら、「家に来い」という。そんなわけで、私はアパートを引き払って、宮島さん宅の居候となった。

そうこうしているうちにバセドー病が悪化したため、私は横浜通いをやめて、保険の営業をやっている宮島さんのお母さんの運転手と、宮島さんの子どもの塾とピアノのお稽古の送り迎えを日課とした。

相変わらず給料はもらえなかった。

このどうしようもない生活は、いつしか姉の知るところとなり、こっぴどく叱責された。

「お前、大学まで出て何やっているの！」

「居候するのも今のうち、他人の家を覗《のぞ》くのも経験」

そんなふうに強がってはみたものの、しばらくして、バセドー病も思わしくないので太田の実家へ帰ることにした。

太田の実家へ帰る

私は実家へ帰ると、家業の文房具店を手伝い、事業を盛り上げていこうと思った。今まで実家ではやっていなかった営業活動を開始した。

早速、日々訪問活動を行う。そして、グラフを壁に張り、訪問した企業の受注金額を書き込んでいった。しかし、時間が経つにつれ、母と、仕事に対する考えにずれが生じ、母は私のやり方に対してスト

レスを感じはじめているようだった。その様子を見て我を通すのはやめた。母が元気なうちは母の好きなようにやらせようと思い、私は別の仕事を始める決心をした。

新たな仕事を始める。そう決心はしたものの、病気の状態は相変わらずあまり良くなく、片道一時間かけて群馬大学附属病院へ通っていた。投薬療法を続けてはいたものの、症状は全く好転しなかった。

「こんな調子だったら、薬を飲まなくても一緒だ」

半ば投げやりな気分で薬をやめてしまった。

すると、不思議なことに少しずつ調子が良くなってきたのだ。

事業家としての第一歩

体調も戻り、私は前向きに何をやるべきか考えた。

「せっかく体育学科を卒業したのだから、それを生かさない手はないだろう」

「よし、美容体操教室をやろう」

女性の美＝美容、自分の得意分野＝体操というわけで、組み合わせてみた。

まだ、日本にはエアロビクスという言葉すら紹介されていない時代だった。その普及を目指す国際組織「フィットエアロビック・インターナショナル・アソシエーション」の日本本部が誕生するのは一九八三（昭和五八）年だから、その一〇年以上も前のことだった。

早速、場所探しに着手した。トレーニング機器のそろっているサウナを見つけてオーナーと交渉すると、「昼間なら使ってもいい」と言ってくれた。

会員の募集やそのための宣伝には資金が必要となる。文房具店の手伝いで、私は母から月一万円しかもらっていなかったので、お金が足りない。

お金を生み出すために、どうすればいいか。

「そうだ、夕方からは学習塾をやろう」

家は学校の真ん前にあるのだから塾にはもってこいの場所である。自宅の二階でやればいい。専攻は体育だったが、元々教員志望でもあったし、なんとかなるだろうと思った。中学時代、数学は大得意だったのだ。

症状が治まっているとはいえ病気を抱えている身で、昼も夜も創業しようというのだから、いま思えば無茶な考えだ。

思いついたらまず行動する主義の私は、早速、放課後、生徒を集めるために学校の前に立って、募集要項をコピーした案内書を配った。
なんと、五〇人もの塾生が集まった。入学金は三〇〇〇円だから、一五万円のお金が私の手元にもたらされた。

　これを元手に、まず美容体操教室のチラシを印刷した。次に、自宅で使用していたカローラのライトバンの屋根に木枠をつくり、「美容体操教室オープン」の文字を自分で書いた。さらに電器屋さんから借りたスピーカーを取り付け、テープレコーダーにラジオ体操の音楽をＢＧＭとして自分で声を吹き込み、にわか仕込みの宣伝カーを作り上げた。

　この宣伝カーに体操を教えた後輩に乗ってもらい、私が運転して、太田市内はもちろん、伊勢崎市、桐生市、足利市、熊谷市などへと足を延ばした。それらの都市の駅前で後輩と一緒にチラシを配った。

　反響は大きかった。
五〇人もの生徒を集めることができた。

昼間は美容体操教室、夕方からは学習塾。

一気に極めて多忙な毎日が始まった。一九七〇（昭和四五）年、私はまだ二三歳に過ぎなかった。

新しい仕事の誘い

美容体操教室と学習塾。順調なスタートを切った。しかし、当時の私には、美容体操の内容を少しずつブラッシュアップしたり、変化を持たせたりするといったノウハウはなく、スタートから三カ月ほど経つと、美容体操教室の生徒の減少が顕著となった。

飽きてしまっているのだ。当初、五〇人ほどいた生徒は数人になってしまった。

ちょうどそんな時期に、かつて居候していた宮島さんから連絡をもらった。おおむね次のような内容である。

ブリタニカのナショナルマネジャーだったカナダ人がイスラエル人の社長と組んで、新たに「エリナ」という会社を始めた。エリナは、イスラエルから女性用のパンティストッキングを輸入してお店に卸さず、会員販売を行う会社で急成長中。私よりも成績の劣っていた元ブリタニカの販売員が、今や営業所長として頑張っている。

「阿部君もやってみないか、一度東京に話を聞きに来ないか？」

私は二つ返事で、了解した。美容体操教室が暇になり、昼間は空いていた。

私は高校時代の友人にも声をかけた。彼は太田工業高校出身だが、体操の合宿などを通じて、高校時代よく一緒に練習をしていたS君である。S君は仕事がなく困っていたので、「エリナ」の話をしたら、一緒に東京へ話を聞きに行きたいという。

エリナの事務所は新宿にあった。宮島さんから詳しい説明を聞いた。

パンティストッキングはまだ新しいもので、あまり知られていない。従来は長い靴下のシームレスストッキングをガーターというもので留めて履いていたのだが、このパンティストッキングはガーターがいらないのが便利で、しかも伸縮性に優れている。本来輸入のパンティストッキングは八〇〇円くらいした商品を二五〇〇円で販売している点も肝であった。

何よりもユニークだったのは、その販売方法である。一般の人であっても一〇足を二〇〇〇円で買えば会員になれ、それを一足二五〇円で販売できる。また、子会員を勧誘するとその人の売り上げの五％がオーバーライト（紹介手数料）として紹介者に入ってくる。子会員が孫会員を紹介すると、孫会員の売り上げの五％が子会員、親会員に入り、紹介料は二段階上の紹介者まで入る仕組みだ。つまり会員を増やせば増やすほど、手数料収入が上乗せされる。

続けて宮島さんは言った。

「群馬には営業所がない。一〇〇人の会員をつくり、オーバーライトが一五万円を超えたら、群馬に営業所を持たせてあげる。やってみないか？」

パンティストッキングを二人で預かり、群馬へ帰った。

私は母と姉にそのパンティストッキングを試しに身に着けてもらった。

「素晴らしいんじゃない」

二人は口をそろえた。

「それなら、やってみるか！」

会員はどうつくるべきか。ただ単に飛び込みで回っても時間の無駄なので、女性が多く集まる美容院に照準を合わせることにした。

Ｓ君はずっと地元暮らしだったから友人関係に声をかけ、一〇人の会員をつくった。しかし、一巡するとそれ以上は進まない。会員づくりを放棄して、パチンコ、競艇とギャンブルに明け暮れていた。Ｓ君は飽きっぽいし、根気がない性格なのだ。

私は美容体操教室をやめて、日中はエリナの会員づくり、夕方から学習塾と奔走した。

S君はエリナの会員づくりは完全に放棄していた。

「直に金にならない会員づくりなんかやっていられるか」

そんなS君を見捨ててもよかったのだが、昼夜忙しく疲れるのと、私のことを「チビ」とバカにしたS君でも収入の道を与えるため、昼間、美容院を回る営業車の運転を頼んだ。

私は一カ月でノルマの会員一〇〇人を達成した。もちろん、私の望みは約束の営業所を持たせてもらうことである。そのために必死に頑張ってきた。私はノルマ達成の報告を兼ね、東京に宮島さんを訪ねた。

「ノルマ達成したので営業所を持たせてほしい」

しかし、首を縦に振ろうとしない。

「君はまだ若過ぎる」

「約束は約束だ。この約束があるから、頑張った」

確かに私は二三歳と若い。

私もなかなか執着心の深い性格である。諦めることなく、宮島さんから「YES」を引き出すために、太田から新宿まで自動車で片道三時間かけて突撃した。時には、早朝、日が昇らないうちから出かけた。まるで、新聞記者の夜討ち朝駆けである。

そうこうしているうちに何事にも飽きっぽいS君はさっさと次の仕事を探しはじめてい

た。あるとき、「レストランのコックの話があり、やろうと思う」と打ち明けてきた。私は言った。

「コックの仕事では先が見えているだろう。もう少しでエリナの営業所の話がまとまる。そのときは、チーフセクレタリーとして働いてもらうつもりだ、もう少し待ってくれ」

頑張った甲斐があって、やっとエリナの営業所の許可が出た。

ただし、条件があった。群馬で営業所を開くなら、太田市ではなくて前橋市だというのだ。

私は、早速、前橋市内の不動産屋を駆けずり回り、営業所にふさわしい場所を探した。市街地の北東端に位置する城東町にある城東ビルの二階を借りることにした。

スタート時、事務所のスタッフは私とS君と女性二人の計四人。まだ前橋には会員の数が極めて少なく、仕入れに来社する会員はほとんどいない。事務員は暇を持て余していた。

まずは、会員を増やすしか道はない。この活動は私にとって苦ではない。ブリタニカでも散々苦労しながらやってきたことだ。商品の金額からすれば、パンティストッキングの方がはるかに安価で売りやすい。

私はS君を含め三人を事務所に残し、城東ビルの隣の家から訪問活動を始め、会員づくりに精を出した。営業を開始したのは真夏の暑い八月で、パンティストッキングの販売には条件が悪かった。しかし、二年後にはなんと六〇〇〇人にまでなった。これはもちろん全てを

前橋の事務所でエリナを始めたころ。ストッキングの入った段ボールに囲まれて

エリナ営業所として2Fを借りた
前橋市内の城東町ビル

エリナ　会員ミーティング

エリナ　会員ミーティング
会員の家族を招待してゲームをした

私一人が開拓したわけではなく、会員が会員を紹介し増えたのだった。男性の私がパンティストッキングの訪問営業。ともすれば怪しまれてしまい門前払いの嵐という可能性もあったわけだが、そうはならなかった。そこはありがたいことに、私にはどことなく親しみやすいところがあったのだろう。このときに限らず、以降もであるが、「なんとかして生き残らなければ」の一念で、突き動かされるように前に進もうとしていた。

話は前後するが、一応はそれなりに順調だった太田の学習塾については生徒もいるゆえ中途半端な時期で閉鎖するわけにもいかず、前橋に営業所を構えるタイミングで、講師を親戚の人に任せ、私は経営だけをみることにしていた。

エリナの事業については、会員数が増えるごとに事務員たちもだんだん忙しくなり、一日の売り上げが現在の相場に換算して四〇〇万円ほどにまで成長した。

この巨額を毎日夕方、太陽銀行を通してエリナ本社に振り込むのがルーティンになっていた。銀行側とすれば、エリナとは一体どのようなビジネスを展開している会社なのかとだいぶ興味を持ったようだ。

ところで、この勢いに任せて、私は家を買うことにした。前橋市内の賃貸マンション住まいだったが、家賃を払うくらいの金額で住宅ローンを払えることを知ったからだ。

そうはいっても頭金を支払うほどの貯金はまだない。前橋の隣町である大胡町（現前橋市大胡町）にミサワホームの建売住宅が三二〇万円（今の相場で一二〇〇万円くらい）で売りに出ていた。土地五〇坪、建物二〇坪の平屋建てだった。

資金について太陽銀行に相談してみた。すると、頭金は二〇万だけで残金をローンにしてくれるという。

多分、エリナの所長として、毎日多額の売り上げを送金していることが信用につながっていたのだと思う。

私はその家を買うことにした。二四歳のときだった。家を買うことは両親にも相談しなかったので、二人ともその事実を知らなかった。

あるとき、太田の実家に帰ると、両親が言った。

「お前も頑張っているようだけど、不動産を持つようにならなければだめだね」

「それだったら、もう家を持っているよ」

「冗談だろ」

「じゃあ、これから見に行こうか」

という成り行きで、両親と姉を自動車に乗せ、大胡まで走らせた。現地に着くと、三人ともに驚いていた。

ただ、新居には不満がないわけでもなかった。赤城山の裾野にあり、冬になると「赤城お

24 歳で購入した大胡の家

ろし」という強烈な北風が吹き下ろしてくる。夜中、顔が冷たくなり目が覚めることがたびたびだった。当時の日本の家は、断熱性が低く冬は家の中でもめっぽう寒いのが常だった。

当時のエリナはまさに絶頂期。一年で全国に五〇カ所の営業所を持つまでになり、売り上げ一〇〇億円、国民の一〇人に一人はエリナのパンティストキングを履いているくらいになり、週刊誌に至っては「ユダヤのねずみ講商法」と皮肉っていた。

一年が経ったころ、旅行を兼ねて、ハワイのヒルトンホテルで会議が行われた。イスラエル人の社長、カナダ人の副社長も出席した。ゼネラルマネジャーによる通訳付きの会議である。このときが、私にとって初めての海外旅行となった。

前橋営業所も順調に業績を伸ばし、事務所が手狭になったため、前橋駅前の朝日生命ビルに移転することとなった。前橋営業所は全国でも三位の成績を収めるまでになっていた。群馬に営業所をつくることに対して当初は難色を示されたわけであるが、私の若さに対する疑念も完全に払拭できたと思った。

翌年には、ロサンゼルスのヒルトンホテルで、メーカーも参加しての会議となり、私も参加した。このころになると、エリナはパンティストッキングのみならず、女性用のかつら、

化粧品、タオル、ゴルフボールも始め、ラインナップを増やしていた。

　だが、エリナの絶頂期は長くは続かなかった。看板商品のパンティストッキングのクオリティーの高さが生命線でほかにないものだったが、やがて国内メーカーが研究を重ねてエリナと同等の製品を発売し、しかも安価で市場に投入するようになった。こうなってくると、新規の会員を増やせなくなる。しかも、エリナの会員システムの欠点を悪用し、意図的に子会員、孫会員を偽装する者が続出し、手数料収入も落ちてきた。競合の登場とシステム上の欠陥という二つの要因により、エリナの売り上げは急落してしまった。

前橋駅前の朝日生命ビル。
業績も順調でここへ移転した

　そのため、エリナは全国の営業所を縮小し、前橋についても閉鎖される決定が下された。

エリナ2年目。所長会議
ロサンゼルスのヒルトン

ホテルでのミーティング

エリナ１年目。ハワイへミーティングを兼ねた旅行。全国の所長が集合。
私が一番若い所長だった

エリナ２年目のメキシコ旅行

第三章

悪戦苦闘の日々

ルアンを設立

絶頂期から一転しての営業所閉鎖。

ショックというしかなかった。

なぜなのか。もちろんそれぞれに理由や課題があるが、生きていくために立ち止まっている余裕はない。

私は仕方なく、S君と事務員の女性二人と四人で会社を興すことにした。

会社名をどうするか？

考え抜いた結果、「ルアン」とした。

私の名前をカタカナ書きすると、「ミノルアベとなる。その真ん中のルとアを取ったが、二文字では寂しいのでンを付け三文字にしたのだ。語呂もいい。

社名を決めたら、次は会社設立の手続きである。体育学科だった私は経営学のことはまるで学んでいないし、ましてや会社設立の手続きなど全く知識がない。会社の設立は本人が自力でやるものだと思っていた。

とりあえず書店に行き、『会社設立の知識』なる書籍を購入し、目を通した。

それによると、「定款」をつくらなければならないことが分かった。一字一句間違ってはならないので、本を参考にしつつ、何度も書き直しながら、私は手書きで定款を書き上げた。

両親にも発起人になってもらうため、訂正が必要となるたびに印鑑を押してもらいに、前橋から太田へ足を運んだ。父は不在にしていることも多かった。パチンコ屋で暇を潰しているのだ。私は時間が惜しいから、父の帰りを待つことはせず、行きそうなパチンコ屋の当たりをつけ何軒か回るうちに探し当てられるのが常だった。

「おう！稔か、何しにきた？」

「印鑑をもらいにきたんだよ」

すると、父は用意の良いことに、ポケットから印鑑を出し私に手渡す。たびたび印鑑の件で帰宅していたから、父も慣れっこになりパチンコに行くにも印鑑を持参していたのだ。

私はその場で定款に印鑑を押し、「パチンコ頑張って！」と言い、すぐに店を後にする。

父は五〇歳のとき石川島播磨重工業（現ＩＨＩ）を定年退職した後、太田に戻ってきて親戚の布団屋にしばらく勤めていた。その後、母の経営する「くるみ堂」を手伝っていたが、ちょこちょこ「パチンコ」へ行っていたのだった。私が二五歳、父が六三歳のときだった。

私は定款を書き直しては「今度こそ」と思いつつ公証人役場へ何度も足を運んだ。なかなか承認してもらえない。途中でやめたいくらいだった。公証人役場の人も応援してくれるようになった。

「ここまで頑張ったのだから最後まで頑張りなさい！」

一九七三（昭和四八）年四月四日、苦労した末にようやく登記が完了した。

ルアン株式会社が誕生した。

後で分かったことだが、会社設立は必要事項だけ記入する用紙が販売されている。しかも、司法書士など、専門家に頼めばやってくれる、というのだ。

私のように、独力で登記した人は極めて珍しいとのことだった。

資本金は一〇〇万円銀行へ振り込み、すぐ引き出した。事務所は前橋市天川大島町、一階は倉庫、二階が事務所で一階二階合わせて三〇坪程度である。

とりあえず、エリナからパンティストッキングを仕入れ、ルアンのパッケージに入れ替え

創業当時。事務所は１階で、２階は倉庫だった

ルアンを立ち上げたころ。
営業車の前で

て販売することとした。販売方法は、商品を代理店に卸し、代理店が会員へ卸すシステムであるが、当然のことながら代理店が集まらず苦戦した。仕方なく「富山の置き薬商法」を採用した。団地を回り、パンティストッキングを置いていき、数日後、使用した分だけ支払ってもらう方法を試みたが、うまくいかない。

そんなわけで、ルアンはスタート当初から、うまく回転していたわけではなかった。

一九七三年四月に会社が誕生し、八月には早くも行き詰まった。創業以来、私の貯金を切り崩して社員の給料を払っていたが、社業が好転せぬ間に底をついてしまった。

国民生活金融公庫（現日本政策金融公庫）から二〇〇万円、自宅を担保にして大栄信用金庫から六〇〇万円を借りた。生まれてこの方、人様から借金をしたことのない私は、返せなかったら自分を売る覚悟だった。

借りたお金で新聞広告を出し、三人の営業マンを雇い、群馬県を三つのエリアに分けて美容室を対象にしたパンティストッキングの卸営業を始めた。

ところが、すぐに頓挫した。

エリナから、「これ以上パンティストッキングを卸すことは不可能」と宣告されたのだ。エリナは前橋営業所閉鎖後も群馬県の顧客にパンティストッキングを販売していたが、同社の群馬県担当マネジャーが「ルアンに商品を卸していると、売り上げが下がる」と主張したことが原因だと分かった。

だからといってやめるわけにはいかなかったので、私はすぐに新たな仕入れルートを開拓することとした。

その当時、エリナのパンストを製造しているのは韓国の企業との情報を得ていたので、私は韓国大使館に電話をしてメーカーを調べた。その結果、大手百貨店の商務部で取り扱っていることを知り、同社を訪問した。大手百貨店側はパンストを出してもいいが、現金でしか取引しないという。足元を見られたが、藁にもすがる思いである。

「それでもいいから、なんとか売ってほしい」

取引してもらえることになったが、届いた商品は二流品、しかもキズのあるものばかりだった。馬鹿にされているようで、悔しさでいっぱいだった。

「今に見ていろ、必ず見返してやる」

何とかまともな商品がそろうまで時間を要した。しかし、私にとって幸いだったのは、昭和四八年ちょうどオイルショックに見舞われたことである。パンティストッキングも石油商品ゆえ、人々の間には「品切れしてしまうのではないか」との不安がまん延し、販売自体は好調だった。

かつらの訪問販売に着手

オイルショックのおかげで多少余裕が生まれた。パンティストッキングが売れたのはあくまでも品不足への恐れからの一時的なものであり、私は新たな商売のネタを考えていた。

それが女性用かつらの訪問販売だった。前橋で成功している先行業者があり、そこにビジネスチャンスがあるとみた。女性用かつらは主としておしゃれ用である。

スタートに当たって最も苦労したのは、女性販売員の確保である。募集広告を出してもなかなか集まらない。それでもようやく女性販売員が確保でき、販売を開始した。

少し軌道に乗ったところで、まず高崎へ営業所を出した。そこでまた女性販売員を集め、順調に売り上げを伸ばし、今度は地元太田への営業所進出を企てた。母や姉が応援してくれて、軌道に乗るのは早かった。

次に進出したのは埼玉県熊谷市である。ルアンにとって初の県外営業所だ。しかし、ここでは今まで以上に女性販売員が集まらなかった。営業所の進出ごとにこれでは成長のスピードが上がらない。

創業から2、3年目。
事務所を拡大したころ。西片貝町の事務所
50 坪ワンフロア全て借りていた

展示会へ出展

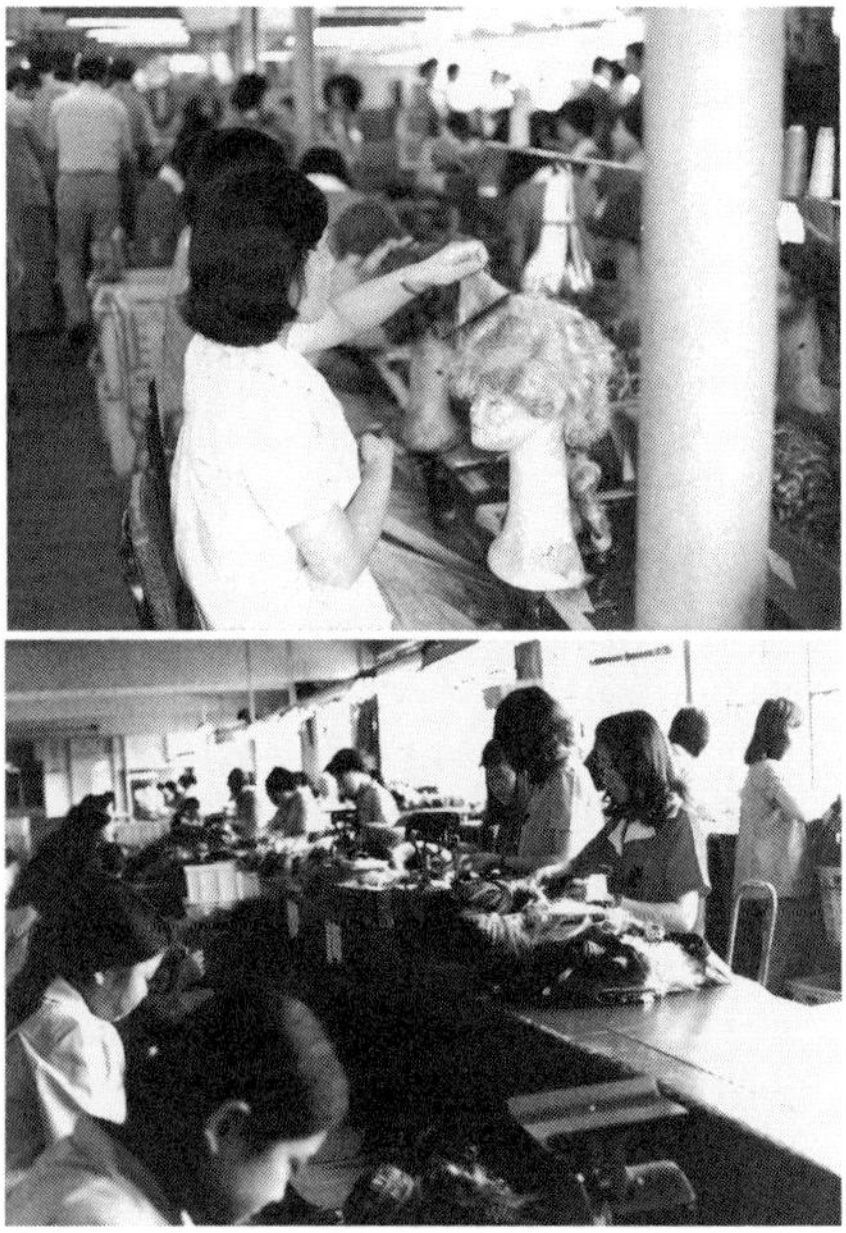

かつら販売好調。韓国へ工場見学

そこで一計を案じた。新潟、長野、栃木、埼玉の新聞に「所長候補求む」の広告を出し、次期営業所の男性所長候補を集め、熊谷で一軒家を借り二カ月間、私も一緒に合宿研修をやることにした。

朝六時起床、ジョギング、筋力トレーニング。七時、契約した近くの食堂で朝食。八時出社、営業所の掃除。九時からかつらの訪問販売、午後から女性販売員の募集営業。七時まで営業、八時夕食、一一時就寝。このスケジュールで二カ月間、禁酒・禁煙で行った。

ここで成績の良かった人を営業所長に指名し、長野、宇都宮、長岡、新潟、大宮と、立て続けに営業所をオープンさせたのだ。

このやり方で成長が加速した。

毎月、全営業員を集めミーティングを行った。成績の優秀な販売員を表彰するとともに、海外旅行をプレゼントするなどし、モチベーションアップを図った。販売員にはフルコミッション制（完全歩合制）を採用したから、売れただけ手数料が入る仕組みで、月に収入が三〇万～五〇万円に届く者も少なくなかった。

従業員も約八〇人ほどに増え、売り上げも順調に伸びた。なんと私は、高額所得者となって、新聞に名前が掲載された。年収が当時の金額で一〇〇〇万円に達したのだ。「今の経営で良いのか」勉強のため中小企業向けの団体に加盟すると、反対にそこで講演会の講師を頼

社員表彰

成績の優秀な販売員に旅行をプレゼント

まれた。急成長する企業の若き経営者と自他共に認めていた。

この成功に、私は次のステップを考えていた。

日本トレーディングの設立

かつらは韓国製であったが、国内の商社から仕入れていた。さらに利益率を上げるため、直輸入を手がけようと、日本トレーディングなる別会社を設立した。一九七五（昭和五〇）年ごろのことだった。

だが、ちょうど直輸入先を見つけようとしている最中に、かつらの売り上げが減少してきたので、断念せざるを得なかった。

せっかく設立した日本トレーディングで、なにか事業を始めようと考えた。

かつらで成功を収めたものの、私は満足していたわけではなかった。大学まで出て、かつらの販売でいいのかという思いは常に私の脳裏にあったのだ。かつらを事業の対象としたのも、勝算があったからに過ぎなかった。

熟考した末に私がたどり着いたのは、コンピューターの販売である。これからはコンピューターの時代がくるだろうとにらんだのだ。元来理系である私にとって、当時、それは最適な選択とも考えていた。

そこで、カシオのコンピューター部門の代理店になった。カシオがコンピューター？と思われるかもしれないが、当時のカシオは電子計算機以外にコンピューターも展開していた。当時、群馬県内のコンピューター販売会社は、最大手であっても社員数人規模だった。私はあわよくば事業の主力にしていきたいとの野望を抱え、未経験者ではあるが六人の社員を雇い、ゼロからスタートした。

カシオの本社では新たな代理店向けに研修を実施した。その合宿研修には私も参加した。しかし、カシオ自体にまだ教育体制が整備されていないため、ほとんど指導らしい指導もないまま、研修は終わった。私たちは中途半端な状態で放り出されたようなものだった。案の定、販売支援もほぼないに等しく、販売は苦戦を強いられた。

農協や一般企業、公共団体等、営業攻勢をしてもさしたる効果を上げることはできなかった。二年間踏ん張ってみたが、販売成果は八〇〇万円のコンピューター一台のみであった。その一台も経営者仲間に買ってもらっただけで、新規の開拓は皆無だった。人件費の赤字だけが残された。

人員を整理し、その後カシオのレジスター販売も手がけてみた。販売先のスーパー店頭で私もレジを手伝うなどした。全精力をコンピュータービジネスに注ぎ込めば、あるいはうまくいった可能性もあったかもしれない。しかし、日銭が稼げるルアンのかつら販売事業を捨てるわけにもいかない。結局、二足のわらじはどっちつかずとなり、やがて日本トレーディングは営業をやめることとなった。

かつら事業の衰退と波乱

二五歳から二八歳まで、ルアンは絶好調だった。

「自分は何でもできる」

一種の万能感を持った。自信過剰になっていたのだ。

ところが、そのときを境に売り上げが徐々に減少してきた。ローラー作戦で訪問販売していたが、おしゃれ用かつらとしてお客さまが一度買うと、飽きたり、蒸れたりし、二度と買い替えないのが理由だった。薄毛用であれば、一度購入したら買い続けるケースがほとんど

ルアン創業。5周年のパーティー

だが、おしゃれ用の場合はリピーターになりにくいという事情が災いした。需要が一順したら、衰退していく一方となる。

売り上げが落ちはじめると、あっという間だった。

「このままではボーナスが出せない」

所長クラスにその話が伝わると、私に内緒で各所長が集まり、団体交渉でボーナスを要求された。考えた末、「少しでも出そうか」と専務のＳ君に相談したら、「出さなくてもよい」と言う。

会社も赤字を初めて経験した事情もあり、結局、ボーナスを出すのをやめた。すると、所長クラスが一カ月以内に全員辞めた。これは断固たる抗議の意志だったのだろう。

本来なら、このように会社がピンチのときこそ一丸となる雰囲気が必要だったが、ボーナスを出せないことが所長クラスの全員退職に直結するというのは、後から考えれば、赤字となったこと以外にも自分のやり方に原因があったのだろう。

会社を畳むわけにはいかない。営業所を立て続けに開設したときのやり方にならい、所長の下で働いていた所長代理を前橋に集め、合宿研修を実施し、所長として各営業所に戻した。

それでも売り上げの減少は続いた。人材育成でどうなるものでもない、構造的な原因が背景にはあった。次の新たな展開を図る必要があるのは明らかだった。

まず思いついたのは、今まで経験したかつらの販売をフランチャイズシステムで広めることだった。営業所の管理を専務のＳ君に任せ、私は東京新宿にワンルームを借りて住居兼オフィスとした。そして「週刊ポスト」に、「販売代理店募集」の広告を出した。

しかし、反響は芳しくなかった。問い合わせはほとんどない。勧められるままに何度か出稿したものの、広告代がかさむ一方で募集中止を余儀なくされた。仕方なく進出した先の東京でも訪問販売を始めるが販売員もなかなか集まらず、半年で撤退せざるを得なかった。

専務の造反

半年後、群馬に戻ったとき、会社は見る影もなく秩序を失いかけていた。

本社と太田を残して、営業所を閉鎖することにした。

「私は本社を見るから、専務は太田を見てくれ」

そう言って、太田をＳ君に任せ、自分は販売員の運転手を兼ね、販売員を連れて各地へ飛び、自らもセールス活動に勤しんだ。なんとか立て直しをしたい。その一心だった。そんなとき、専務から申し出があった。

「別の仕事をすることにしたから、辞めさせてほしい」

それこそ髪の毛が抜け落ちるように、社員が辞めていく中、創業時から片腕だと思っていたS君も辞めていった。

私はS君の言葉を疑うこともなかったが、ここに大きな落とし穴があった。

ふたを開けたら、S君は太田営業所の人員を全員引き抜き、かつらの仕入れ先の代理店としてスタートしたのである。

これには、驚嘆した。まさかの裏切りである。

どうやら私が東京にいる間、仕入れ先の役員がS君のもとを訪れ、「ルアンは赤字でこれ以上良くならない、うちの代理店になった方がよい」と誘ったのだった。S君の裏切りも酷《ひど》いが、仕入れ先として造反を促すなど、とんでもない謀略である。

私は予想もしなかった事態に直面し、はらわたが煮えくり返る思いだった。専務に対してはエリナのころから公私ともども面倒を見てきたつもりだった。

それが、なぜ？

後になって振り返れば、専務の方でも常に使われる立場ということに何らかの思いがあっ

事務所を縮小したころ

たのかもしれない。造反の誘いに乗ってしまう要因というわけではないが、人心掌握術の不足というか、私にも未熟な部分はあったのだろう。目先の経営を立て直すことに精いっぱいで周囲が見えなくなっていたことも事実だった。

しかし、私にも意地がある。かつらの次なるヒットを模索もしていたが、こうなった以上は、かつら販売を簡単にはやめられないと思った。

一瞬たりとも立ち止まっているわけにはいかない。すぐさま新たな仕入れ先を探し取引を開始した。

これまでに蓄積していた借金が残っていた。銀行への返済は遅らせるわけにはいかない。営業活動と並行して、営業所閉鎖に伴い関東一円に残った支払いの悪いお客の集金を夜や日曜日に回った。

借金返済のために貯金箱にあった小銭まで使った。自分の給料は取れる状態ではなかった。

未収金の回収に際しては、たちの悪いお客とのトラブルが何度もあった。

借りていた本社事務所のスペースを半分にした。こうなってくると事業は縮小の一途であり、人員も減らし最悪の事態となった。最盛期に金回りが絶好調で、人前で自慢げに講演していたことが嘘のようだった。

「もう夢は諦めた方がいいよ」

ある友人が私を諭すように言った。それでも私は諦められなかった。プライドを捨てられなかった。一〇年乗っていたトヨタクラウンはトランクに穴が開く状態だったが、高級車を新車で買える状態ではない。見栄を張って、スカイラークというアメリカの中古車を捨て値で買ったのだった。

私の落ちぶれた状況を知った母は言った。

「太田へ帰って、文房具店を継げばいいじゃないか」

しかし、私のプライドが許さなかった、S君に負けたと思われたくなかった。

どん底の日々は数年間続いた。なかなか突破口が開けない。「負けてなるものか」の意地だけで続けていた。

S君は、以前ルアン長野の所長に声を掛け長野にも営業所をつくるなど数年間は勢いづいていたようだが、やがて事業は下火となり、かつら販売の事業から手を引いたと聞いた。その後の消息は聞かない。

借りていた本社事務所のスペースが半分に

四苦八苦の数年間

かつらの販売に行き詰まり、次なる展開を模索し、さまざまなビジネスに手を出した。ドイツで成功したオットー社の書籍を読み、「これからはカタログ通販が流行るのではないか」と考え、直接著者に電話をし、ビジネス展開の相談もした。

いろいろな方向性を考える中で、日本でカタログ販売をしている会社の中からアパレル・宝飾品を扱う大手服飾メーカーを選び出した。同社と商談し、代理店としてお客さまからの注文の代行業務を行うこととした。主婦のアルバイトを募集し、一般の方にカタログを見せて注文をいただき、当社がまとめてオーダーするシステムを考えた。

ところが、大きな落とし穴があった。オーダーしても、いつになっても商品が届かない。さすがに一カ月経っても届かないのは、いくらなんでも遅過ぎる。

在庫負担を軽減するために、オーダーを受けてから生産に入っていたのだった。これではお客さまが満足するわけがない。届く前にキャンセルされてしまう。たちまちアルバイトの主婦は、辞めてしまった。このスピード感では、仕事にならない。

しかし、それで諦めるわけにもいかず、大手服飾メーカーのスーツ販売をルアンや経営者

前橋市千代田町に店があったころ。
前橋まつり参加（左）

前橋市千代田町にかつらの店オープン

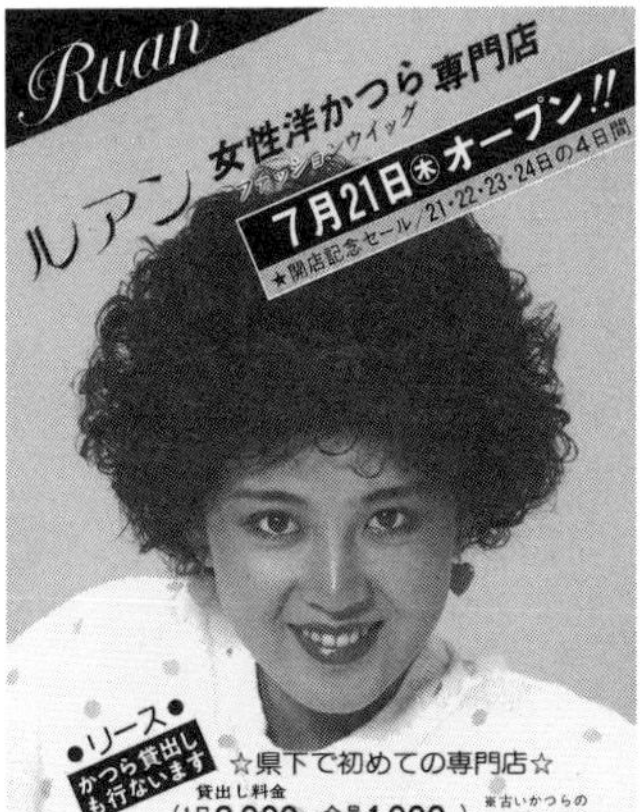

前橋市千代田町のかつら
ショールーム開店時の案内状

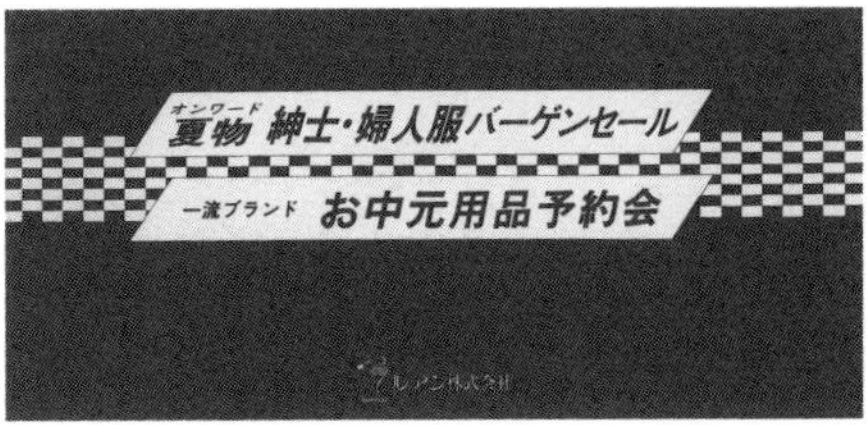

洋服の販売をしていたころの案内

仲間の伝手《つて》を頼って行った。

スーツはけっこう売れたし、宝石や婦人服の販売も行った。

女性下着（ファンデーション）の訪問販売も行った。

しかし、これらを継続していくことも大変である。

また、かつらの販売も継続し、前橋市の中心市街地にかつらショップをオープンし、販売とレンタルを行った。

このように「ヒットするのでは？」と思いついたことは、片っ端から実行していった。

だが、なかなか中心となるビジネスにたどりつかない。身に付く仕事に成長しなかったのだ。

結婚と新たな事務所

事業が絶好調だった二八歳のときをピークに、一気に下り坂モードに入り、以降、一〇年にもわたってあがき続けていた。

くるみ堂の前で母と長女と妻

昭和 60 年
前橋市の群馬ロイヤルホテルで
結婚式を行った

そんな状況が続いていた中、事務員として一〇年間苦楽をともにした女性と結婚した。彼女の妊娠が分かったので、結婚に踏み切ったというのが実際のところであった。三八歳のときのことである。

妻は、私の絶頂期と苦しい時期を両方ともに分かっていた。どういう仕事をし、どのような資金のやりくりをしているのかも理解していた。よく言えば、私の良き理解者であった。仕事上のパートナーであったが、プライベートのパートナーにもなった。

事業が停滞気味の私には結婚式を挙げる資金がなく、妻の貯金で式を挙げた。

結婚を契機に、マネープランを整理することにした。事務所の家賃と自宅のローンを秤《はかり》にかけ、熟慮の末、前橋市南町に事務所兼自宅を建築することにした。

土地約六〇坪。一階一〇坪の倉庫と駐車場一〇台分、二階四〇坪の事務所、三階三五坪の自宅である。二三歳のとき大胡町に建てた家を売却し、頭金にした。

もし私の事業が好転しなければ、貸せばいいと思っていた。それもままならなければ、売ってしまえばいいと思って新築した。

前橋市南町の事務所内

事務所にて

製造・卸売(問屋)　大学 短大 高専 専各 高校　営業・一般事務・企画・開発

ルアン株式会社

事業内容　毛髪関連、化粧品・化粧用具のメーカー

JR前橋駅より徒歩8分　前橋市南町

全国展開中のユニークな
新しい成長企業です。

代表取締役
阿部　稔

会社の特色・方針

全国の有名化粧品・薬・理美容問屋へ商品を卸しているメーカーです。

小さい会社ながら大手メーカーに負けない営業力と、ユニークな新製品を開発し、成長を続けております。

若い皆さんの力で、さらにユニークなスバラシイ新製品にチャレンジしていただき、TV、ラジオ、新聞、雑誌等のマス媒体を通じて、拡大を計っていきたいと思います。

経営理念

我が社の経営理念は「より良い商品を通じて、社会に貢献する」仕事をすることであり、かつ又、「仕事を通じて、人間として成長する」ことを目的とします。

職場は社会教育の実践の場であり、常に向上心を持って働き、その成果の有無を試す場が、社会であると思われます。

人事は各々の成果によって実践し、社員一人一人の特徴が生かせる職場造りを目指しております。

－48－

住居兼事務所の新ビル。前橋市南町

ATヘルスクラブの設立

振り返ると「あのときこれだけに経営資源を集中していれば成功していたかもしれない」と思うことがある。

その一つが、これから記す事業である。

あるとき、「自分の取り柄はなんだろうか？」と考えた。

「せっかく体育学科を卒業したのだから、それを生かした事業を立案した方がよいのではないか？」

そこで、考案したのが「出張体力測定会社ATヘルスクラブ」であった。顧客のところまで出張し、個人の体力を測定し、コンピューターで体力年齢を出すというものだ。

この事業の設立には、たまたまスポーツ店を閉店するというT氏が賛同して加わった。企画の面白さが話題を呼び、日本経済新聞社から取材を受け、大手スポーツメーカーも話を聞きに来た。

実績としても前橋市内に工場のある日新電機の社員を対象に、終業時に同社食堂へ出向いて測定したり、カーエアコンで有名なサンデンの運動会でコーナーを設けて測定したりした。また、茨城の自治体から依頼され市民を対象に測定したこともあった。

　さらにＡＴヘルスクラブとして場所を借りてエアロビクス教室を開講すると、一時は会員が一五〇人にまで増えた時期もあった。だが、長続きせず生徒はやがて減り始め、また体力測定事業も一時の話題性に終わり、依頼は減少した。

　事業の可能性は低くなかったが、集中できなかった。本業のかつらの販売から脱却できず、ＡＴヘルスクラブの営業が中途半端になってしまった感は否めなかった。結局、経営資源をこちらに集中できなかったことが敗因だった。前も書いたように、どこかで「大卒の私がかつら販売なんて」という思いがあり、コンピューター販売や体力測定などの事業にも着手し、あわよくばこちらに乗り換えたいという構想も抱いていたのだが、確実に日銭が稼げるかつら販売をやめることができず、どっちつかずになってしまっていたのだ。ＡＴヘルスクラブもやめざるを得なかった。

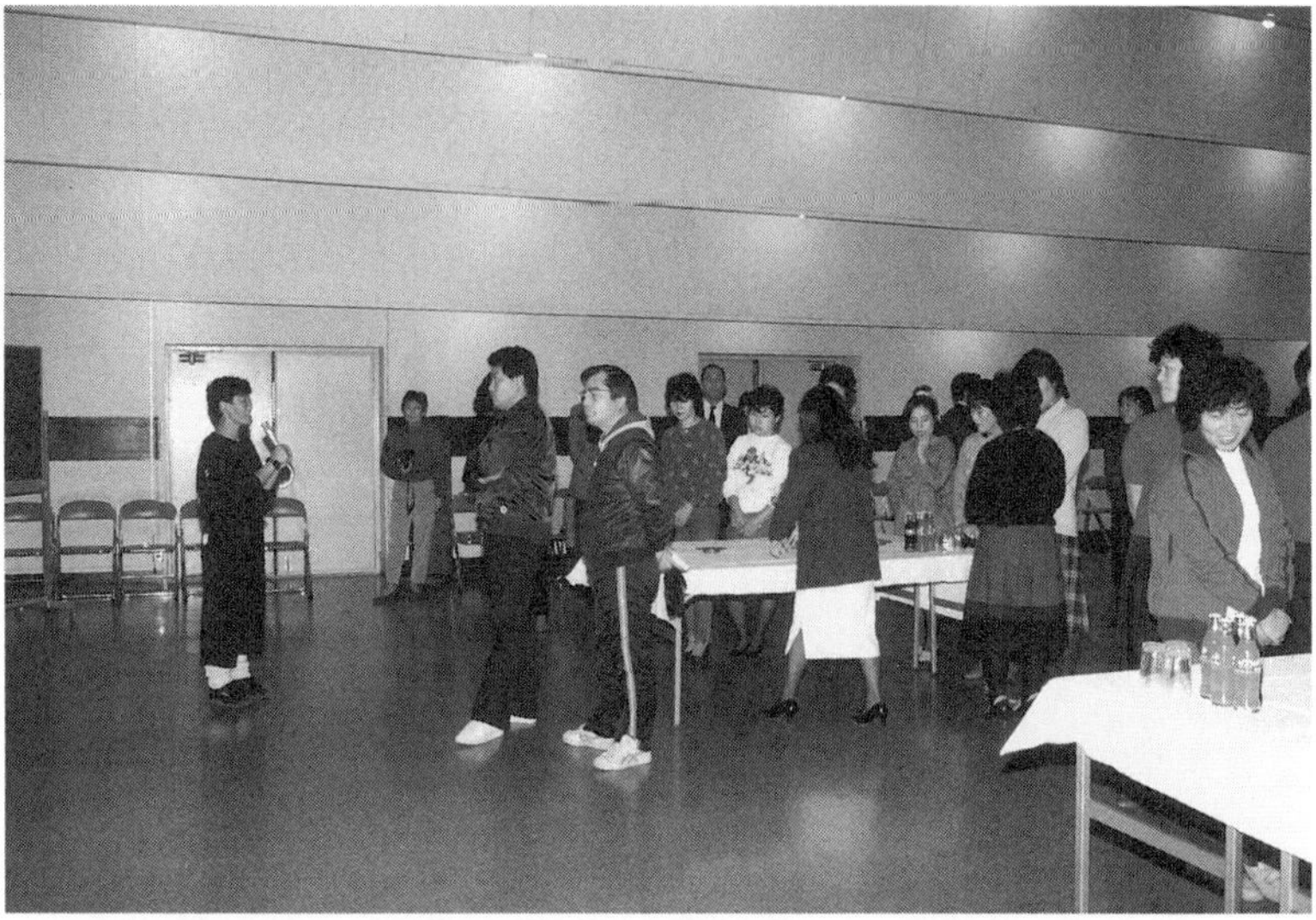

AT ヘルスクラブ。エアロビクス教室で汗を流す

第四章

スーパーミリオンヘアーの立ち上げ

スーパーミリオンヘアーの開発

結婚し、心機一転、会社の柱となるような事業を構築したいと、それまで以上に真剣に模索した。

私は三〇歳ごろから薄毛になり悩んでいたが、これといった対処を行ってこなかった。薄毛対策を切り口とした商品を考えてみようと思った。以前から薄毛対策商品としてはかつらの他にもいくつかあり、広告類なども頻繁に目にしていたが、いかがわしい商品が多かった。その中の一つとして、頭髪の薄い部分へ黒いスプレーをしたり、粉のようなものを振りかけたり、色を塗ったり等の商品が存在した。これらを入手し、私も自分の頭で試してみた。自分でもアレンジするなどし、試行錯誤した。細かく裁断した繊維を振りかける方法が一番自然で、手軽で良いという結論に達した。

開発に当たっては、繊維研究所へ足を運び、素材として最適なものから始まり、専門家から指導を受けつつ、さまざまな研究を行った。

薄い部分に細かく裁断した繊維をたたくように振りかけると、残っている自毛の下に繊維が沈み込み、自然に見える仕組みだ。

私は「これならいける」と開発には自信を持った。

だが開発しただけでは、事業の発足はできない。

原材料の製造、容器、パッケージ、パンフレットの手配等、やるべきことは山積みだったが、先立つ資金がない。やれる範囲で始めるしかない。

知り合いの理容店や薬店へ行き、流通にまつわる、いろいろな相談をした。ポスター、販売セット、価格をいくらに設定すべきか…。

なによりも重要なネーミングをどうすべきか。

資金があれば、コピーライターに考案を依頼することもできただろうが、自分で考えるしかない。

新規事業の発進

開発はできた。軌道に乗るまでは、事務所の一角で自分で製造することとした。それで何とか乗り切れるだろう。

だが、どのように販売したらいいのか分からない。

薄毛対策商品である養毛剤のように、薬局や化粧品店、理容室などで売ればよいのだろうと当たりをつけたが、販売ルートがない。

それなら、販売ルートをつくってしまえ。

地元の群馬で失敗すると取り返しがつかなくなるとの思いもあり、まずは隣の栃木県で試してみることにした。

下野新聞に次のようなコピーとともに広告を出した。

「販売代理店募集」

「養毛剤でもかつらでもないまったく新しい増毛法」

「スーパーミリオンヘアーの販売をしてみませんか？」

説明会を開催したが応募者はわずか一〇人のみ。説明を聞いた上で代理店を希望する者は皆無だった。

次に埼玉県では読売新聞に同様の広告を出したが、大宮で開催した説明会には参加者すら一人もいなかった。

さらに千葉県で説明会を開催したが、参加者はたったの一人。結局その人も代理店を希望しなかった。

栃木県で代理店募集。スーパーミリオンヘアー説明会

これは、もう駄目だ。

さすがの執着心の強い私でも、心がくじけかけた。

そんなとき、見本を配布してあった東京の理容問屋から「取り扱ってもいいよ」との連絡がきた。

早速、同社に飛んでいくと受注することができた。前橋に急いで戻り、自ら商品の生産を行い出荷した。この時点ではまだ工場もないし、生産要員もいない。生産から販売まで私一人でやるしかなかった。

最初の出荷が終わると、それを実績に東京都内にある他の理容問屋や大阪の理容問屋へ営業をしかけた。

初めてにしては反応が良かった。注文をもらい帰って生産に励んだ。

不良品問題でつまずく

しかし、右肩上がりに成功への階段を駆け上がることはできなかった。

順調に進むかと思った矢先に、見本を渡し試用してもらっていた友人から、私の出張先に電話が入った。

出張先にまで追いかけてくる電話だけに嫌な予感がした。案の定だった。

「この商品駄目だよ。朝出掛けるとき、車の中で振りかけていたら、中栓が取れてスーパーミリオンヘアーを被ってしまい、ワイシャツが真っ黒になってしまった。着替えにまた家に戻り、おかげで遅刻しちゃったよ」

「ええっ、本当か！」

私は中栓を容器に合わせ、外れないように長めにピッタリとつくっていたため、まさか外れるとは思っていなかったのだ。

それが、なぜ？

すぐさま会社へ帰り、車の中と同じ熱くなる窓際へ商品を何個か置いて、一日様子をみた。すると、置いた商品全部がスポスポと抜けてしまう。成型した中栓の分子が熱によって整然と並ぶために小さくなるらしい。

学校時代に習った「熱くなると固体は大きくなる」という定理とは異なる原理が働いてい

るようだった。

さあ、いままで卸してしまった商品をどうするか。このままではいけない。早速、今まで出荷した不良品を返品するよう問屋に電話した。そのため返品処理に追われた。

そして、製品を改良しなければならない。業者にいろいろ相談したが、接着はできないという。型を大きくしても駄目だった。また、工業試験場へ行き、どうしたら良いのか相談したが、回答は得られなかった。

私は、他の商品では同じ容器に紙のふたを貼り付けているのを参考に、業者に相談してみた。

「紙なら貼り付くのに何で駄目なのか」

業者もその質問で思い付いたように言った。

「そうだ、同じ材質で中栓をつくり、溶剤を使ったらどうだろう」

同じ材質でお互いを溶かし接着する方法である。これを試したらうまくいった。

光が見えてきた。大きな階段を一つ上ったような気分だった。

これで安心して営業できる。ようやくスタートラインに立ったと思った。

新たなる営業の開始

私は意気揚々として、営業活動を再開した。

既に開拓していた理容問屋から再注文がない。これが気掛かりではあったが、前に進むしかない。雑貨問屋、化粧品問屋、薬問屋などへ営業をしかけることとした。

地元群馬の大きな化粧品問屋へ電話をかけたが簡単に断られた。会おうとすらしてくれない。

どうしたら商談できるだろう。

私は人脈を探すことにした。

まず、近くの高校で教師をしている友人に電話をした。

「パイプはない？」

「俺にはないけど友達の先生は、あの会社に生徒の就職を斡旋《あっせん》しているらしい。聞いてみるよ」

その後再び連絡してみると、やはり、その先生と化粧品問屋の専務とは就職の件でパイプがあるようだった。友人の同僚は、面会のチャンスをつくってくれた。

私は先生たち二人とともに、先方への手土産を持って、専務との商談に臨んだ。

だが、商談のつもりで臨んだものの、専務は先生と生徒斡旋の話をするばかりで、私とは話をする素振りすらない。少しだけあった隙を狙って取引の話を持ち出したが、にべもなく断られた。

「単品メーカーとは直接取引したくない。取引開始後、返品しようとすると、そのときには倒産していて支払い超過になることがよくある。どうしてもというのなら、東京の大問屋経由なら考えてもいい。東京の大問屋と取引が始まったら、ということでどうですか？」

お断りということである。要するに、信用されていないのだ。「すぐに潰れてしまうだろう」と見下された。ここで諦めてしまう人も多いだろうが、私は違った。

その後、新潟の化粧品問屋、栃木の化粧品問屋と取引を開始することに成功した。その間、東京へ行く度にその問屋を訪れたが、仕入れ課長の段階で話がストップし、先に進まないのだ。

一年ほど経ってから、このことを新潟の化粧品問屋に相談すると、「そこは直接常務に当たらないと話にならない」と言われた。

そこで、電話して常務につないでくれるよう頼むこととした。うまくつながり、交渉を申し入れると、会ってくれるという。

早速商談すると、取引に応じてくれるというのだ。あまりにもあっけなく成立したので拍子抜けした。今までの難航はなんだったのか。しかも、常務はこう言った。

「何で今まで話を持ってこなかったのか？」

東京の大問屋との取引が一年がかりで始まったので、約束を果たしてもらうべく、群馬の化粧品問屋へ電話をかけたが、何度トライしても専務が出ようとしない。たまりかねて、電話口に出た事務員に専務への伝言を託した。

「スーパーミリオンヘアーのルアンが東京の大問屋との取引を開始しました。週刊誌にも広告を出してます。当社との取引よろしく頼みます」

すると、すぐに事務員から折り返しの電話があり、仕入れ担当の課長に会うように、とのことだった。

群馬の化粧品問屋に出向き、仕入れ担当課長との商談に臨んだ。

そうすると、東京の大問屋からではなく直接ルアンと取引するというのだ。

大問屋経由でなければ取引しないというのは、いったいなんだったのか。

薬問屋との取引に成功する

化粧品問屋の次は、薬問屋への営業について振り返ってみる。群馬県内や近県の薬問屋にアプローチしたものの、はかばかしくなかった。地元の問屋と細々と取引する程度だった。

もちろん大手にもアプローチを試みた。

一般の薬局へ卸している問屋の中で、全国最大手の薬問屋へアプローチを開始した。まず、その東京支社との商談に臨んだが、あっけなく断られた。

その薬問屋の本社は大阪である。支社が駄目なら、本社に乗り込もう。担当者が異なれば、断られるとは限らないのだ。アポを取って大阪へ乗り込む。そして本社の仕入れ課長に会ってスーパーミリオンヘアーを売り込んだ。結果は、部長に話した上で後日連絡とのことであった。

案の定、なかなか返事がない。ならば、こちらから電話する。

「部長に話したが、取引できないとのことだ」

この程度のことで、私は諦めない。

直接部長に話してみても構わないかと問うと、「ＯＫ」だと言う。早速、直接電話を入れる。

「ぜひ一度会って説明させていただけませんか」

「会うのは構わんよ」

早速、再び大阪に乗り込んで、商談に臨む。部長は言う。

「キミ、この黒いパッケージを店に陳列して売れると思っているのかね？一見して何の商品か分かるようにセット箱のパッケージを変えなければ駄目だよ」

「すぐに作り変えてきます」

勢いよく返事はしてみたものの、正直落胆していた。群馬・大阪を往復する電車賃すらままならないのに、パッケージ・デザインを作り変える余裕などないのだ。

そうはいっても、前に進むにはデザインを刷新するしかないのだ。

前橋に戻ると、すぐにパッケージ製作にとりかかった。使用前後の写真と「薄毛一〇秒」のキャッチフレーズを入れ込んだ。パッケージのリ・デザインが完成すると、仕入部長にアポの電話を入れ、大阪へ飛んだ。三度目の商談である。

部長はパッケージを見て、納得してくれた。

「弊社との取引は落差払いになるけどそれでもいいか？」

落差払い？私は初めて聞く言葉に思わず、質問した。

「落差払いってなんですか？」

「落差払いとは、仕入れてもお店に出荷しない限り支払いはしないということだ。また、支払いは一二〇日手形になる」

立場が弱いこちらとしては、了承せざるを得ない。

「それでもけっこうです」

「それでは、今度、所長会議があるのでその時に来て説明するように」

「よし、売り込むぞ」とうれしい半面、往復交通費の三万円を考えると気が重くなった。

しかし、なんとこの所長会議で合計で三〇〇万円分の注文をもらうこととなった。早速、喜び勇んで前橋へ引き返し、自ら生産を行い、出荷した。この取引がうまくいけば、経営はだいぶ楽になるだろうと、楽観的に考えていた。

ところが、そう甘くはない。

何カ月経っても入金がないのだ。たまりかねて薬問屋の仕入れ部長に事情を聞こうと電話をかけた。

「同行販売しなければ売れないよ」

つまり、同社の各営業所に足を運び、営業員が出かける前に説明会を行い、営業員と一緒に薬店に営業をしかけるようにとのことだった。

「最初に言ってくれればいいのに」

そう言葉が出かかったがのみ込んだ。私は、早速プロモーション用ビデオを製作し、八ミリビデオカメラとモニターテレビをバッグに詰め込んで、薬問屋の各営業所を回り、説明会を行った。大阪の地下鉄を何度も乗り回り、一〇カ所ほどの営業所を回り終わるころには、バッグの重さで手にまめができた。

苦労の甲斐あって、同行販売は非常に好調だった。一〇件回れば、六個セットが一〇セット納品できるペースである。

返品の山

納品はしたものの、返品もまた極めて多かった。

三カ月が過ぎたころ、納品した商品の返品が始まり、徐々にその数は増え、とうとう納品した商品の九割以上が返品になる有り様だった。

なぜなのか？

その原因は店頭へ商品を置いても宣伝してないので、お客さまは何の商品か分からない。だから、お店側もお客さまに勧めることもできない。結局、商品は売れないので返品となる。しかも、メーカー着払いで来るからたまったものではない。

九割返品があるとはいえ、売れるものもある。ここで止まったら、それまで。前に進むしかないのだ。

「何パーセントでも歩留まりがあるのだから、返品に負けず同行を続けよう。頑張ろう」

営業の手を緩めるわけにはいかなかった。ここで諦めたら、後はないのだ。

薬問屋の大阪本社との取引が始まったので、今度は断られた東京へ営業に伺った。

「大阪が取引を始めたのなら東京も始めましょう」

前回はあっさり断られたが、本社との取引実績を根拠にすんなりと話が進んだ。大阪と同じように東京の各営業所を回り、説明会と同行販売を行った。

東京でもまた、納品と返品が続いた。

業界トップである薬問屋の各営業所同行販売が一巡した。今度は業界第二位の問屋に営業した。

業界トップの問屋との取引があるから、信用度も高いのか、担当のマーケティング部との間ですんなり交渉がまとまり、取引がスタートすることとなった。それだけでなくキャンペーンを打とうと、とんとん拍子に話が進んだ。業界紙「ドラッグトピックス」に一面広告を出すよう依頼され実現。そして、東京、名古屋、大阪の各営業所を回り、同行販売を行った。

全国展開へ乗り出す

東京、大阪、名古屋といった大都市の薬品・化粧品系、理容系の大問屋に対するルートがおおむねできつつあった。こうなってくると、その実績を武器に地方の問屋に販売しやすくなるのは当然のことである。

私が次なるステップとして企てたのは、全国展開であった。各県ごとにキャンペーンを組み、一県一カ月のスケジュールで理容問屋や薬問屋に説明会を実施し、同行販売を行うのである。

一県一カ月だから一年で最大一二県、一通り全国を回るのに五年を費やし、気が付けば一九九〇年、四三歳になっていた。

世の中はバブル景気真っ盛り、スーパーミリオンヘアーの販売について、曲がりなりにも

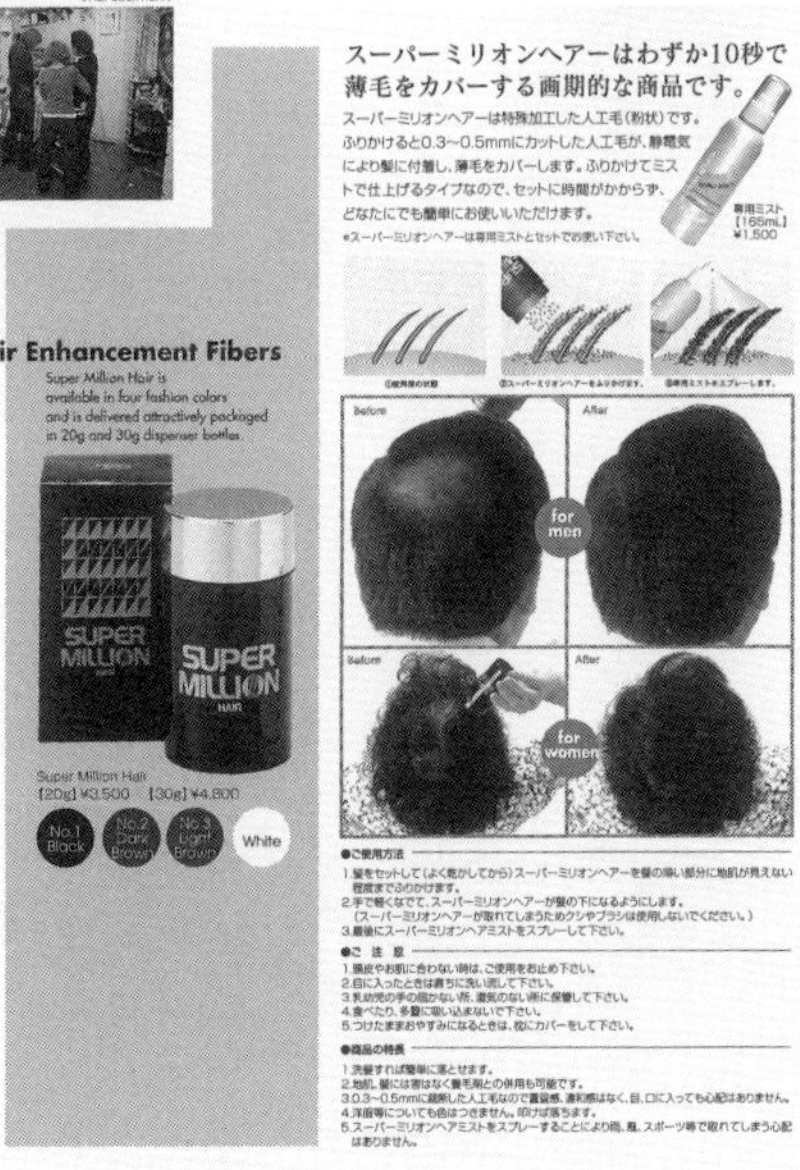

宮尾すすむさんを起用して宣伝した

全国流通のルートをつくり、社業は軌道に乗りかけた時期である。

しかし、右肩上がりにブレークするという状況には遠かった。

相変わらず、返品は多く、取引を続けてくれる取扱店は少なかった。

そのため、私は再び全県キャンペーンを実行しようと考えた。しかし、一度キャンペーンで同行した問屋は、良い顔をしない。

「御社のスーパーミリオンヘアーは返品が多いので、同行販売はもうやりたくない」

どうしたらいいものか、次の展開を打ちあぐねていた。

突破口は意外なところにあった。

たまたま出張で宮崎県にいたときのことである。宮崎放送のアナウンサーになっていた大学の先輩に会う機会があり、ルアンやスーパーミリオンヘアーの話になると、先輩がある提案をしてくれた。

「宮崎放送の生番組でスーパーミリオンヘアーを紹介しよう。そこで阿部君が実演したらいい。ただし、少し広告を出してよ」

ＣＭ料は一〇〇万円である。その話を受けることにした。再度のキャンペーンを渋る問屋に対しても、良いセールストークになるはずだと思った。

「この県で二カ月間、テレビＣＭを流します。私もパブリシティで出演し、スーパーミリオンヘアーの紹介を行いますので、今までより効果を期待できます」

こうした交渉を行うことで、二度目の全国同行販売に着手したのである。これにも五年を要した。認知度も向上し、同行販売時の売れ行きは良いが、それでも返品は多く、後々まで残る取扱店は少ない。

私は、スーパーミリオンヘアーを粘り強く太い幹に育てることに専念していたので、迷いなく三度目の全国同行販売に挑戦することにした。ただし、二度目と同じやり方では駄目だ。三回目は地元の新聞に広告を出すことを決めた。キャンペーン広告に、取扱店になってくれる店舗名を掲載することにしたのだ。三回目もやはり五年をかけて全国へ営業した。

ここまでやって、ようやく全国展開の流通網を確立させることができた。それでも返品は少なくない。返品があっても、とにかく取扱店さえ多ければ、売り上げは上がる。返品された商品はサンプルにするなりして、少しでもＰＲに努めた。

三回目の全国同行販売が終わったのは、二〇〇〇年ころ。立ち上げから合計一五年を費やし、私は五三歳となった。一つの事業

を粘り強く成功するまでやり通したのは初めての経験と言ってよかった。それでもまだまだ満足はできず、私は次の展開も意図していた。

家を新築

一九九〇（平成二）年ごろ、スーパーミリオンヘアーの販売開始から五年が経ち、多少の余裕が生まれていた。その当時はまだ住居兼事務所に住んでいて、事務所も住居も手狭となっていた。子どもは長女七歳を筆頭に、次女五歳、長男二歳の三人がいた。そこで、住まい部分の三階も事務所に充てることとし、家を他の場所に建てることに決めた。

会社にも近く、かつ東京にも行きやすい場所ということで駅とインターチェンジの双方に近いところにある土地を探した。

もともと自動車修理工場を営んでいる人が工場を解体し、その敷地の一部に自宅を建てて残り約二〇〇坪を売り出していた。ここが、私の条件にぴったりで迷うことなく購入した。

家を建てるに当たっては、モデルハウスをくまなく回り、アイデアを良いとこ取りすることにし、設計を日本大学俊英寮時代の先輩に依頼した。

設計士の先輩は、「これは相当にお金がかかるよ」と言った。設計・建築費の見積もりを出してもらったら、予算を遥かにオーバーした。

仕様を変更する前に、銀行に相談したら「何とかする」と言うので、そのままの仕様で建設しようと決めた。

「支払えなくなったら、売ればいい」

すでにいろいろな修羅場を踏んでいた私は、ある意味、達観していたような部分を持ち合わせていた。

こうして完成した家は、なかなか立派なものだった。

しかし、全国行脚の真っ最中だったこともあり、出張の連続で家でくつろぐ時間などほとんどなかった。

新築の家の前で家族５人そろって

第五章

スーパーミリオンヘアーの成長

アメリカ輸出へ

スーパーミリオンヘアーの輸出は、最初から考えていた。

取引先の大手美容問屋、東宝美容商会から、アメリカの取扱店でスーパーミリオンヘアーを輸入したいという情報がもたらされたのだ。

輸出に当たっては、条件があった。スーパーミリオンヘアーは国内では雑貨扱いであったが、アメリカでは化粧品扱いとなるため、ＦＤＡ（アメリカ食品医薬品局）が許可している染料を使用してほしいというのである。

早速、ＦＤＡが使用を許可している染料を入手し染色を試みたものの、ルアンが使用していた繊維のレーヨンには染色できない。いろいろな方法で試してみたが、思った通りの色を再現できなかった。

「もう駄目か」と諦めかけたとき、ようやくレーヨンの代替品としてウールで染色できることを突き止めた。

実用新案を提出し、輸出体制を整えた。

早速、契約を交わすためにアメリカ側から三人が来日した。都内で、通訳を交えながら契約を交わした。契約締結が終わると、彼らは言った。

「せっかく日本へ来たのだから、工場が見たい」

これは困った。当時の工場は取引先に見せられるような代物ではない。製造員もわずか五人、しかも事務所の一角にあるというごく小規模なものに過ぎない。一度は断ったが、「どうしても見たい」というので了承せざるを得なかった。

そこで一計を案じた。会社の中の一室にダンボールを積み上げ、営業員も工場要員に仕立ててにわか工場をつくり上げた。営業員が営業活動に出る前の時間帯にアメリカ人に来社してもらい、見学させた。

「いま工場を別の場所に建築している最中で、ここは仮工場だ」

この言い訳で、なんとかごまかした。

「ここは狭い。ホテルの会議室を用意したから、そこでミーティングしましょう」

これで会社に長居することなく、にわか工場から視線をそらすことができた。

ホテルでのミーティングの後、一行を群馬県内観光に連れ出し、無事に見送ったのだった。

ちなみに、海外でのスーパーミリオンヘアーのユーザーには、アメリカの有名歌手やプロレスラーらもいた。特に有名歌手にとっては、スーパーミリオンヘアーはコンサートのステージに立つときの必須アイテムだったようだ。

スーパーミリオンヘアーを始めてまもなくのころの社員旅行。マカオ

一時、アメリカから大量注文が入り、生産に追われるようになった。アメリカ側ではプロモーションビデオを製作し、テレビショッピングを開始したものの、想定していたほど注文が入らなかった。つまり費用対効果の面で思うような結果が出なかった。そのため継続できず、注文が途絶えた。この代理店は、その後、分裂し、仲間の一人が技術を盗用し、類似商品の製造販売を始めたようだった。

韓国輸出始まる

一九九〇年代、アメリカよりも前に、韓国への輸出が始まっていた。

韓国では、ロッテデパートが手がける通販に出店している業者から、韓国の代理店・ソウル通商を経由して販売されていた。

しかしながら、ソウル通商は大きな事業を手がけることとなり、スーパーミリオンヘアーを扱う余裕がなくなり、通販業者とルアンとの間で直に取引してほしいと言ってきた。

そんなわけで通販業者との直取引がスタートした。すると、間もなく再びソウル通商から

私がモデルの韓国パンフレット

「また取引したい。そちらに伺ってもいいか」と連絡が来た。

ソウル通商は三人でやって来た。

「ぜひ、もう一度スーパーミリオンヘアーの代理店をやりたい」

事情を聞くと、ソウル通商は工業団地の造成に失敗して倒産してしまっていたのだ。その再起のためにスーパーミリオンヘアーを武器にしたいというのだ。

私は言った。

「事情は分かった。しかし、通販業者と直取引が始まった以上、通販業者の承諾を得なければできない」

「通販業者とは、こちらで話をつける」

私は、くれぐれも揉《も》めないように話をしてもらうことを条件に承諾した。

その後、私は韓国を訪問した。すでに販売している理容の集会での実演や、システム販売をしている会社での商談を行った。次に釜山へ行き、美容の世界大会で優勝し、美容学校と大きな美容室チェーンを展開しているオーナーと商談、さらに理容ディーラーでの商談など、短時間に多くの取引先を訪問したのだった。

ルアンでは、毎月二〇万円の広告費をサポートしていたが、韓国訪問の折、韓国側の要求により四〇万円に増額することとなった。しかし、韓国では結果を急ぐあまり空回りしてい

韓国訪問時
韓国代理店の社長と

世界美容大会で優勝した
美容師と（釜山）

理容師の会合での
スーパーミリオンヘアーの
紹介

る状況だった。

その後、しばらくしてケーブルテレビの通販番組にチャレンジ、私もゲストに招かれ出演した。当時、アジア通貨危機のあおりを受けて経済危機にあり、昼間テレビ中継が休止状態であったがケーブルテレビの契約者は、昼間でもテレビを見ることができた。契約者は比較的富裕層が多かった。これが功を奏し、韓国ではテレビショッピングを主体に販売が進み、成長を見せることとなった。

日本でのテレビショッピングの展開

一九九〇年代の半ばになるとインターネットが登場するが、まだまだテレビが主流の時代だった。

国内ではほとんどの通販会社がスーパーミリオンヘアーを手がけていたが、費用対効果という視点からすると思ったほど売れないので、大抵は一回だけでやめてしまう。

スーパーミリオンヘアーの場合、一度ユーザーになれば続ける可能性が高いから、一度の

テレビショッピングを始めたころの撮影風景

番組で売れ行きがいまひとつでも続けることでリピーターの数が積み重なっていく。一度で効果が高くなくても続けるうちに効果が倍増する。

これまでの経験から、そのことが分かっている私は、直接通販会社と粘り強く交渉し、継続して取り扱ってもらうことに成功した。

もちろん番組づくり自体に工夫が必要だ。私自ら通販番組に出演して実演して見せた。いろいろ試すうちに費用対効果も上がってきた。やがて、会社全体の売り上げのうち半分を通販関連で占めるまでになった。

たびたび全国で放送されるうちに宣伝効果が上がり、認知度が高まったのだ。テレビ通販にとどまらず、全国ネットのテレビCMも流し始めた。それとは別に。各地方テレビ局の番組にCMを入れるようにした。

いつしか私の主な仕事はテレビ通販で実演すること、そして世界各地の展示会に出ることになっていった。

国際展示会への出展

スーパーミリオンヘアーのグローバル展開は、「国際的な展示会への出展が重要な方策」となった。

例えば、二〇〇〇年ドイツ・ミュンヘンで「ヘアーワールド」が開催された。理容美容国際大会を兼ねた展示会で、ここにルアンは出展することにした。

こうした展示会には、当初ルアンが単独で出展。代理店が出来ると代理店と一緒に出展することとなる。

ミュンヘン展示会では、スタッフは私と男性二人女性一人、韓国の代理店から男性二人、オランダの代理店から男性一人女性一人、通訳二人の総勢一〇人という大所帯で臨んだ。

しかしこのときは、文化の違いに悩まされた。つくづく組む相手は慎重に選ぶべきと学ぶ機会になった。

オランダの代理店にはほとほと悩まされた。

展示会自体は成功裏に終わった。

問題はその後である。帰国後、オランダの代理店から連絡があり、展示会に出た費用として二人分五〇万円を払えというのだ。

当初の約束はこうだった。

展示会場までの飛行機代とホテル代、食事代で手伝い費用はなし。しかも一人のはずがいつの間にか二人となった。展示会中は多忙でスタッフはブース裏でカップラーメンをすっているのに、オランダ組は外出して二時間は帰ってこない。

しかも、驚くような暴論を主張し始める。

「今回の展示会の客は、ほとんど自分たちが呼んできた。全ヨーロッパのテリトリーを渡してほしい」

彼らはこう言い張って譲らない。

私は言った。

「展示会の手伝い費用は出さない約束だから、五〇万円など支払えない」

「それならスーパーミリオンヘアーの販売はできない。同業他社のアメリカ製トピックを扱うことにする」

私は、「どうぞ、他の商品でも何でもやってください」

私としてもこのような不実な人物に代理店をやってほしくはなかったのだ。ただ、ドイツの展示会でのお客さまが困ることを恐れた。

ドイツ展示会に
参加したスタッフ

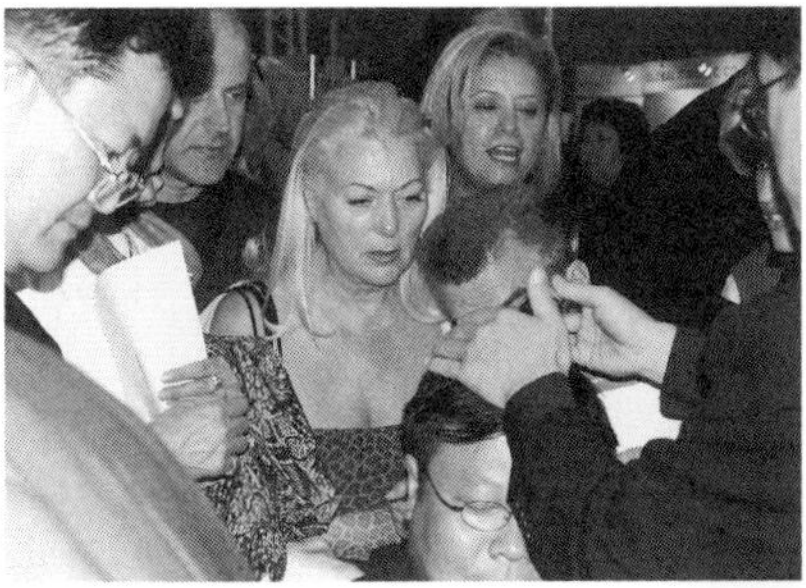

展示会での実演

ドイツで初めての展示会

韓国の展示会

実は、後に再びそのオランダの代理店からルアンに連絡が入ることになった。それは別の担当者であったが、「もう一度スーパーミリオンヘアーの取引をさせてほしい」というのだ。心情的には「ふざけるな」という思いではあったが、お客さまのために仕方なく商品を送ることにした。今ではドイツに代理店ができ、現在もスーパーミリオンヘアーが販売されている。代理店はドイツの展示会でスーパーミリオンヘアーを知った美容院を経営する夫婦だ。

四五歳を過ぎると、私の頭もさらに薄くなりスーパーミリオンヘアーを振り掛けても不自然な毛のない部分も出てくるようになってしまった。知人がアメリカからきた技術で植毛したら髪が増えたというので見せてもらったところ、実際に増えている。髪のない部分が増えた私もそれを見てやってみようと思い、東京にあるクリニックで植毛をした。

それは後頭部から縦一センチメートル、横八センチメートルくらい、毛根から切り取り、その毛根を二、三本ずつの株に分け、髪のなくなった部分へ穴をあけて移植するというものだった。一カ月くらいすると髪が生え、後頭部から移植した髪は男性ホルモンの影響を受けにくく、抜けにくい。一回で三〇〇〇本から四〇〇〇本を移植した。その後、それを五年ごとに四回することになった。そのお陰で今でもモデルを続けられるのだ。

かつてのベルリン分断の象徴
ブランデンブルク門

オランダ、スキポール空港

インターネット販売への挑戦

一九九〇年代半ば、インターネット草創期。革命的なネットワークが誕生するというので、世の中では何か新しいムーブメントが始まる予感に満ちていた。

ちょうどそんなタイミングだった。私の仲人をしてくれた人の息子さんから連絡をもらった。

「インターネットの紹介をしたい」

私は早速、彼のアパートを訪れた。

インターネットとは、アメリカの国防省が張り巡らした世界の通信網がベースとなった技術で、それを一般に使用許可し、パソコン一つで世界中と交信できるという画期的なものだ。当時のメディアにおいて、インターネットの登場は革命的とも言えるものだった。

彼のアパートに、その父親、ブランド販売会社の社長、事務用品会社の社長、そして私の四人が集まり、彼の操作するパソコン

の画面を食い入るように見つめていた。

そのとき、画面にはアメリカのホワイトハウスのホームページが映し出されていた。

こうした団体や企業がつくったホームページを見ることもできるし、自分でホームページをつくれば、世界へと情報を発信できるというのだ。

当時、海のものとも山のものとも分からなかったインターネットという存在に、私は大きな可能性を感じた。

彼を中心に、群馬で初のプロバイダーとなる群馬インターネットが一九九五（平成七）年一二月に設立されると、早速ルアンも会員となり、ホームページの製作も依頼した。

「これで広告費をかけずに世界中にスーパーミリオンヘアーを紹介できる！」

当時、世界中に代理店網を築こうとしていた。インターネットは、そのためにコストをかけずに展開できる切り札になる、そう考えたのだった。

しかし、当時はインターネットの黎明《れいめい》期、そんな甘いものではなかった。

一九九六年、ルアンのホームページが完成した。なんと、これが群馬インターネットで初のホームページである。

意気揚々と開設を迎えたが、ホームページへのアクセスはいっこうに増えない。訪れるのはほとんど社内のスタッフだけだった。

アメリカのヤフーへ掲載できる方法はないのだろうか。いろいろな人に聞いて見るが分からない。一九九〇年代の半ば、インターネットのことを詳しく理解している人は地方には皆無に近い時代だったのだ。

だが、将来的にはインターネットなしではやっていけなくなるはず。このことだけは直感として理解できた。

東京&大阪、営業所の相次ぐ移転

ルアンの本社は前橋であるが、東京も重要な拠点であることは間違いなかった。

ある時期まで東京営業所として、私個人が所有する2DKマンションを使っていた。

東京の拠点を拡大し、事業を大きくするために、私は都内で中古物件を探した。一度は浅草のビルを契約寸前までいったがキャンセルし、銀座でも何件かの物件を探したが高すぎて手が出なかった。

こうして数年が過ぎるうち、渋谷区に適当な物件を見つけた。

東京都渋谷区笹塚　東京営業所併設のビル

社員旅行　ハワイ

笹塚駅に近く、甲州街道沿いで中野通りとの交差点に建つその物件は、ガラス張りで見栄えのする手頃な七階建てビルであった。

私はこのビルを購入し、東京営業所を移転した。東京営業所だけではワンフロアしか必要ない。いっそのこと、群馬にある本社をこちらに移転することも考えたが、既に前橋に自宅も建設してしまっている。二重生活は荷が重いので、本社は前橋のままとし、空きフロアを賃貸に回すことにした。テナントビル兼務とすることで、経営にも奏功するだろうと考えたのだ。

東京営業所の笹塚移転は一九九八年、私が五〇歳のときのことである。

本社の移転

一九九〇年代、事業は右肩上がりに拡大した。じっくりと時間をかけて国内の流通網確立に奔走した時代である。

前橋市南町に構えていた本社も手狭となった。私はさらなる事業拡大のために、移転場所を探し始めていた。
旧本社にもほど近い、同じ南町にある約三〇〇坪の土地があり、そこを購入して新社屋を建設する腹積もりでいた。

そんなときだった。

倒産した建設会社の社屋が前橋市西片貝町にそのまま放置されているという情報が飛び込んできた。約一一〇〇坪の敷地に、六階建てと四階建て、延べ建坪一一〇〇坪に及ぶビルが買い手もなく、そのままになっているというのだ。この会社はバブルの時代には、手広くゴルフ場建設分野に事業を拡大し、華々しく脚光を浴びたが、バブル崩壊とともにあたかも砂上の楼閣のように崩れ去ったようであった。

これは安くなるかもしれない。

そう考えた私は、早速、現地確認に走った。

素晴らしい建物だった。

タイルが貼り詰められた外壁は金色の光沢を放っていた。金粉をまぶし、一個ずつ焼き上げた益子焼である。

しかしながら、三年間も放置されていた影響は決して小さくはなかった。

門扉は倒れ、ガラスは三階まで割られていた。内部は不法侵入者に荒らされている。一階は建設会社が倒産の一年前になんとか再起の活路を見出すべくパチンコ店を開業したようだが、取引先への支払いが滞ったのか、空調から何から全て撤去され、天井が丸見えの状態だった。

「これでは修理にいくらかかるか分からない」

この状態でゼロから空調を入れ換える必要があるのか。そして、エレベーターは動くのだろうか。

しかも、それまで一〇〇坪に満たない事務所を使用していたルアンにとって、大きすぎる物件であることも事実だった。

購入を検討していた私に、取引銀行の融資担当者は問いかけてきた。

「御社にこれだけの規模のものが本当に必要なのだろうか？」

私もそう思った。

しかし、これだけ広いところが、新しくビルを建てるのと同じくらいの費用で購入できるチャンスは二度とないに違いない。大きく成長する原動力になるのではないか。

私は、周囲の反対を押し切って購入を決意した。

ここで邪魔が入った。

私が購入する気持ちがあるという情報を仕入れた輩《やから》が、うごめき始めた。出入りしている業者の知り合いの不動産会社が、物件を管理している不動産会社に購入申し込みをしたのだった。

自分たちで購入してしまい、私に高く転売しようと考えたのだ。ハイエナのような連中である。

私が「あなたたちから購入するつもりは全くない」と一蹴すると、あっさりと手を引いた。しかし、今度は売り手である不動産会社が売値を上げてきたのだった。仕方なく、当初の購入予定価格より上乗せして購入せざるをえなかった。

廃虚といっても良かったビルだが、質は悪くないと思っていた。徹底的にリノベーションし、新築同様に光り輝く社屋に仕上げることができた。リノベーションに要したコストを考えても安上がりだった。

結果的には、四階建ての第二ビルも賃貸ビルとして貸すことができ、固定資産税の負担軽減にも奏功し、ルアンの経営にとって非常に良好な結果をもたらすこととなった。

二〇〇一（平成一三）年三月。私は五三歳になっていた。

ところで、もともと体操に打ち込むなどスポーツ好きだった私であるが、二〇代から四〇代半ばにかけてはビジネスで奔走し、とてもスポーツを楽しむ余裕はなかった。

スーパーミリオンヘアーの流通網開拓にようやくめどが付いた一九九〇年代の後半、四五

受付ロビー

事務所の内部

移転前の前橋市朝日町のテニスコート

歳ころになってテニスを趣味で始めた。前橋市朝日町にあったテニスクラブの会員となっていたが、そこが不採算のためクローズするという。私も含めメンバーはその代わりとなる近隣のテニスクラブを探したのだが、適当なところがない。結局、私がオーナーとなって引き継ぐこととなった。本社移転の翌年にオープンした新ルアンテニスクラブである。テニスクラブは赤字だが、そこから生まれた友人たちは、私にとって大切な財産である。

その後、前述したように二〇〇一年に新しい本社兼テナントビルへの移転を経て、〇三年には大阪営業所もテナントビルを兼務する物件に移転した。築一〇年、一〇階建て、二〇台の立体駐車場付きの物件であり、購入時にテナントがほとんど埋まっていて、利回り一〇%以上という好条件だった。

このように二〇〇〇年前後から、不動産収入による経営強化を試みるようになった。

オムニコート５面　群馬本社隣接のルアンテニスクラブ

スーパーミリオンヘアーカップ　年１回開催
優勝者と撮影

家族で毎年行っていたセブ島。
クルーザーも所有しホテルへ貸していた

社員旅行でセブ島へ行き、この船で島めぐりやシュノーケルを楽しんだ

アメリカでの市場調査

アメリカ代理店サロン訪問

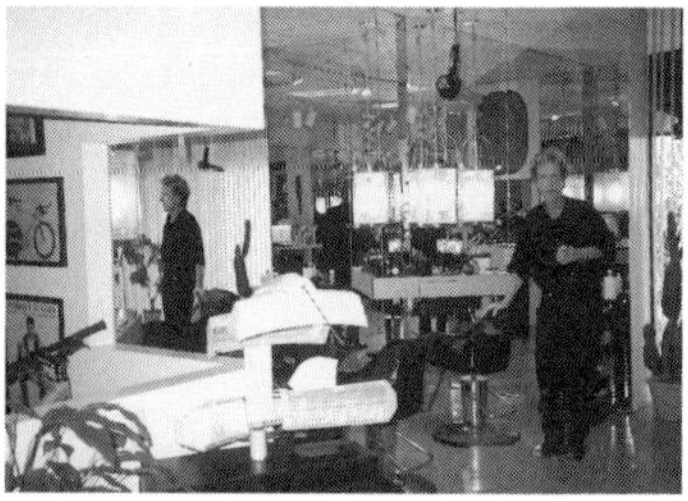

類似商品への忸怩《じくじ》たる思い

これまで述べてきたように、かつら販売を手がけているころは、ルアンを辞めた元従業員が何人も同じかつらの訪問販売を始めるという、なんとも嫌な経験を繰り返してきた。

かつら自体は種類も多く、特別な商品ではないから仕方ないにしても、さすがにスーパーミリオンヘアーに関してはありえないだろうと思っていたが、大きな間違いだった。

まず、東京の営業所を任せていた所長が独立し、類似商品の製造販売を開始したのだった。

彼は、東京営業所で得た顧客情報をもとにＤＭを送り販売活動を開始した。顧客の一人から情報が入り、元所長が類似品の販売を始めたことが発覚した。

明らかなルール違反だった。類似品の販売はともかく、ルアンの顧客情報を流用することは許せない。

知人の弁護士を通じて、当社で得た顧客名簿利用の販売差し止め請求を行った。

すると今度は、ルアンの中でも二番手の取引先である薬系問屋とジョイントしてＯＥＭ（製造メーカーが他社ブランドの製品を製造すること）商品として販売を開始。業界紙に広告を出し、ルアンの取引先に対してさらなるアプローチを開始するという大胆な手を打ってき

大阪府中央区玉造のルアン大阪ビル

た。その薬系問屋はＯＥＭ商品を販売することに専念し、スーパーミリオンヘアーの販売は二の次になった。どちらにしてもビジネス上のモラルなど持ち合わせていないのかと、はらわたが煮えくり返る思いだった。

当然、スーパーミリオンヘアーの売り上げは下がる一方になった。

しかし、ＣＭ展開や顧客に対するフォロー体制などの違いから、一時的なＯＥＭ商品も二年ほどすると徐々に売り上げが下がり返品が増えていったようだ。逆にスーパーミリオンヘアーの売り上げが持ち直してきたのだった。

その後も辞めた社員が類似商品の販売を始めたり、他社が類似商品を製造販売したりということが頻発した。その現象は現在に至るまで続いているが、スーパーミリオンヘアーの売り上げに肩を並べるまで成功したところはない。

実際、類似商品を前にすると、心穏やかではいられない。怒りで拳を握りしめるほどだった。

しかし、いつのころからか動揺もせず、怒りも抱かなくなった。

「商品は真似できても、心は真似できない」

私自身にそんな余裕が生まれたからだ。逆に「真似されるような素晴らしい商品を開発した」「薄毛対応商品の分野で歴史をつくった証し」との誇りにも似た気持ちを抱くようになった。

九〇年代末期から二〇〇〇年代にかけての販促活動

前述のように、国内の流通網構築を目指し、四七都道府県へのプロモーション活動を三回転し、それが終わるまで約一五年を要した。それがほぼ終了に近づくと、海外展開に本腰を入れるようになった。それまでは、偶然引き合いのあったところと取引する程度であったが、積極的に仕掛けていくこととした。

足がかりは国際展示会である。

海外で開催されるビューティー関連の展示会に、毎年五～一〇回ほど出展するようになっていった。これを続けるうちに徐々に海外代理店の数が増えていくこととなったのだ。

展示会一つの収支を考えれば採算は全く合わない。人件費や旅費などの経費を含め完全なる持ち出しである。

しかし、海外へ販路を広げるにはこの方法しか思い当たらなかった。

地道に代理店を開拓し、輸出できる流通網を増やしていくしかないのだ。諦めずに続けた結果、二〇〇九年には輸出先も六〇カ国を超えた。しかし、二〇〇〇年代末時点では、まだスーパーミリオンヘアーを主たるビジネスにしている代理店は少数だった。

中国・上海の展示会

ドイツ・フランクフルトの展示会

イタリア・ボローニャの展示会

イギリス・ロンドンの展示会

スペイン・バルセロナ

スペイン・マドリードの展示会

イタリア・ボローニアの展示会

アメリカ・ラスベガスの展示会

フィリピン・マニラの展示会

台湾・台北の展示会

ロシア　モスクワの展示会（2006）

ハワイに社員旅行の時。
ワイキキ通りでのスーパーミリオン
ヘアーのデモンストレーション

フランス・パリの展示会

ロシア代理店店長タティアナと
モスクワのオフィスで

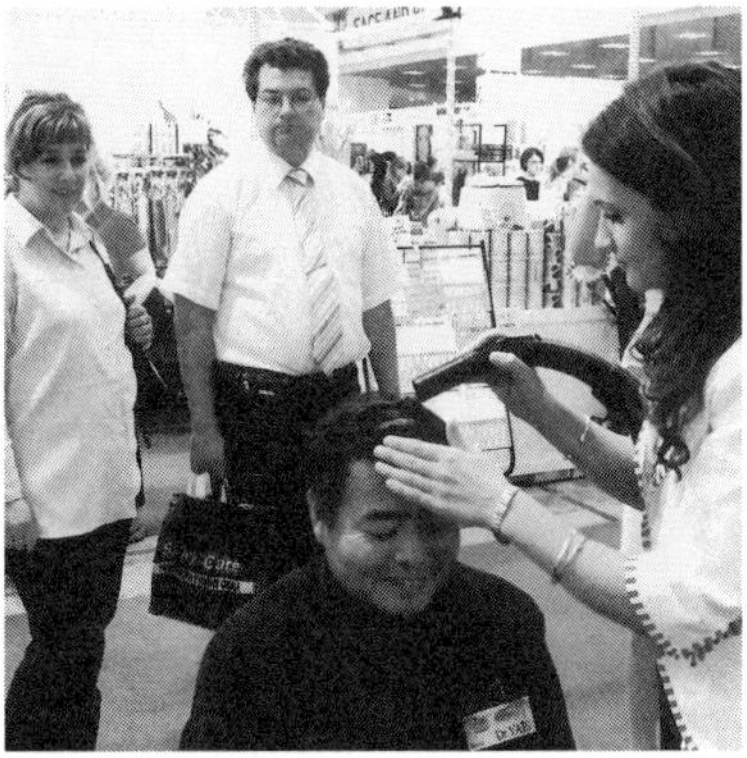

セルビアの展示会での実演。展示会では１日 100 回以上の実演を繰り返す

スーパーミリオンヘアー発売20周年記念パーティー。
モデルをしていた梨本勝さんが講演した。2006年前橋マーキュリーホテル

国内については、一通りの流通網が確立できたといっても、常に広告を打ち出し、宣伝・ＰＲに努めることが必要不可欠だった。

展示会やＴＶ、説明会など、通常の実演はもちろんのこと、チャンスがあればあらゆる場所で、私自らデモンストレーションを行った。ホテルのロビー、飛行機の中、レストラン、おみやげギフトショップ、クラブ、バー、ゴルフ場、テニスクラブ…。社員旅行でハワイを訪れたときには、ワイキキ通りでデモしたこともあった。

東日本大震災

二〇一一（平成二三）年三月一一日。その日、私たちは千葉の幕張で開催されている「ドラッグストアショー」に参加していた。その後、午後四時から東京九段の千代田スタジオで生放送に出演する予定があり、正午ごろには電車で幕張から移動した。千代田スタジオの控室で東京営業所長とモデル、そして私の三人で出演を待っていると、午後二時四六分、突然大きな揺れが襲ってきた。

本能的に、一目散に外へ飛び出した。地割れが起きるような勢いだった。

そのとき、建物の中にいた人は皆、外へ避難していた。

外は寒く雪が降りそうな気候で、私たち三人は車の中で待機していた。生放送は中止になった。余震が頻繁に起こり、駐車場内に止まっている車が、地震で躍っていた。

お台場の方で煙が上がっているのが見えた。近くの九段会館では天井が落ち死者も出たらしい。

非常事態である。

携帯電話が通じない。誰とも連絡が取れなかった。

とりあえず、帰るしかなかった。

まずは私の宿泊場所がある東京駅を目指したが、道路が渋滞し車がほとんど動かない。高速道路は閉鎖、停電のため信号も作動しない。電車も不通となっているようだった。

道路は車と歩行者でいっぱいになっている。通常なら九段から東京駅まで車で一〇分くらいだが、三時間かかった。

夜八時ごろ、ようやく東京駅に到着し、夕食が食べられる場所を探したが、どこも閉店している。

火が使えないのだ。ある一軒の居酒屋が「ご飯とお新香だけなら」と言ってくれたので、三人で簡単な夕食を済ませた。

その後、所長がモデルを赤羽まで送り、私はホテルへ向かった。ホテルへ着くと早速部屋へ向かおうとしたが、エレベーターの前に人だかりができている。エレベーターが動かないため、二七階にあるフロントまで階段で行かねばならず、ホテルの案内係が人数がまとまるのを待っているのだという。

ようやく人数がまとまったら、各人が二七階まで休み休み息を切らせながら上がった。このとき、私は既にチェックインを済ませ、重い荷物は室内に置いてあったので助かったが、大きなスーツケースを持って二七階まで上がった人もいた。私はそこからさらに三階を上がってようやく三〇階の部屋にたどり着いた。

ベッドに横になってからも余震が断続的に続き、気分が高ぶってほとんど眠れない。強烈な余震に見舞われてビルが倒れてしまうのではないかと恐れた。携帯電話は相変わらずつながらない。家族や社員たちの安否が気になる。

長い夜が明け、朝になってようやく携帯電話が通じ、展示会に出ていた長女と連絡が取れた。

幕張から津田沼まで歩き、学校の体育館で一夜を明かしたとのことだった。埼玉にいた次女と群馬にいる妻は問題ないことも分かった。そのころ、長男はアメリカにいたから、こちらも心配する必要はない。

電車が一部復旧したので、長女と東京駅で落ち合い、長女の住むお台場のマンションまで二人で向かった。土地柄から液状化現象が心配された。着いてみると、ほとんど問題はなかった。エレベーターは動いていなかったので、部屋のある八階まで歩いて上がった。昨日から階段を上がり通しである。マンション内も問題はなかった。

お昼過ぎになると新幹線が復旧するというので私は再び東京駅へ向かい、ホームで二時間待って群馬へと向かった。前橋の家は、置物が壊れたくらいで、ありがたいことにほぼ無傷だった。

しかし、ご承知のように東北地方はとんでもない状況に直面していた。

危機的なのは津波だけではなかった。

東京電力福島第一原子力発電所のメルトダウンによる放射性物質大量放出である。

これは決して他人事ではなく、次女の結婚相手の実家がある福島県飯舘村は計画的避難区域に指定された。しかも、彼の勤務先である仙台空港近くのオフィスは津波で流されてしまった。

東日本大震災の発生から福島第一原発のメルトダウン後にかけて、日本はパニック状態に陥った。原発事故とそれに伴う放射能汚染問題は、わが社の輸出にも影響を及ぼした。

発生から３カ月後に
気仙沼市を訪問した
時に撮影した

荒れた港

焼けただれた船

原形のない車

「今回の地震で、ルアンは大丈夫ですか？」

海外の代理店からわが社の無事を確かめる声が多く寄せられた。

当初の安否を問う声から、徐々にスーパーミリオンヘアーの放射能汚染に対する不安の声に変わっていった。

国によっては、日本製品全面輸入禁止となり、輸出は徐々に減少していくこととなった。

第六章

多角的な展開

銀座進出！東京本社ビルの建設

四〇代に差し掛かるころから、私は銀座に東京の拠点を構えることを切望していた。化粧品を商品としていることもあり、銀座の住所それ自体がブランドイメージを向上させると考えていたのだ。日本を代表する老舗化粧品会社の資生堂も銀座に本社を構えている。十数年にわたって銀座の物件を探し続けた。不動産業者から送られてきたファックスが天井に届くくらいに情報収集に力を入れた。

本気で探していたのだ。しかし、なかなか予算とこちらが希望する面積に合致した物件が見つからなかった。あるときは気に入った物件が見つかり買い付け証明を出したが、買い付け額の違いで決まらなかった。

二〇一〇（平成二二）年、ようやく気に入った土地が見つかった。探し続けて十数年、私は六三歳になっていた。銀座八丁目、資生堂パーラーからすぐの場所である。八丁目の自治会長によると、この地域は資生堂発祥の地であるとのことだった。

以前の持ち主がビルを建てる予定で、基礎のラップルコンクリート工事まで進んだ状態だった。

土地代は八億。ここに、ガラス張りで地下一階地上一一階のビルで、建物五億円、諸経費一億円、総額一四億円の予算で計画を立てた。融資は桐生信用金庫、施工はハザマに決めた。ルアンにとっては、社運を懸けたプロジェクトである。二〇一一年一一月一五日、満を持して日枝神社で地鎮祭を執り行い、翌一二月に着工、翌一二年三月に上棟し、完成は一三年四月。同月、グランドオープンを記念する竣工式を行った。

一階はルアンのショールームとし、多数の取扱商品の展示や最新ヘッドスパ設備を完備した。一〇～一一階はルアン東京本社のオフィス、七階はルアンが運営するエステティックサロン、他フロアにはレンタルオフィス、大型屋外ビジョン、レンタルスタジオ、ネイルアートなどを併設した。このように美容を切り口とするサービスを提供する店舗を中心とし、ルアンの東京本社ビルはスタートした。このビルの完成で、東京営業所を東京本社に格上げした。

二階のレンタルスタジオは、窓を開けて外に向けてパフォーマンスできるスタジオというのが売りだったが、規制で音を出せず断念せざるを得なくなった。

そこで、ワインバーに変更することにして、〝Wine Studio Ruan〟（ワインスタジオルアン）をオープンした。九階のレンタルオフィスは個室で一カ月三万円だったが、やや早過ぎたのか、需要がなくあまり借り手がいなかったので、後でリラクゼーションルームに変更した。

建設中の銀座東京本社ビル
(東京都中央区銀座８丁目 10-2)

2013 年４月竣工した

銀座ルアンビルを自社経営

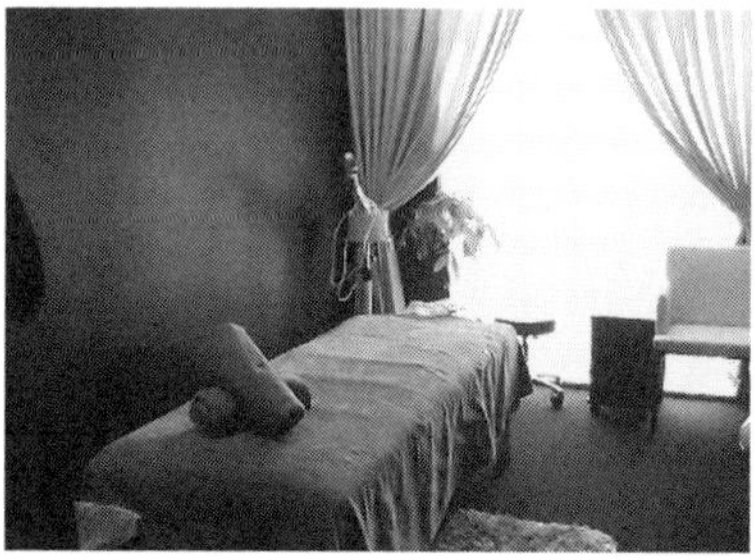

9F リラクゼーションサロン

6F エステサロン

2F ワイン
スタジオ

銀座ショールーム (東京本社 1F)
Ginza Showroom(Tokyo Head Office 1F)

東京本社ビルの建設に奔走していた二〇一二年は、プライベートでも大きな変化が相次いだ年となった。

七月、次女が結婚した。相手は大学時代の同級生で、前述した通り、結婚相手の彼は福島県飯舘村出身で両親は福島市へ避難中だった。彼は大学時代から時々わが家に遊びに来ていたこともあり、人となりは分かっていた。一二月には、長女が埼玉県在住の男性と結婚した。同じ年に二人の娘が嫁ぐこととなったのは、うれしい半面、寂しくもあった。

長女の結婚式

次女の結婚式

表町ビルの運用と売却

二〇〇〇年代は、スーパーミリオンヘアーという主力商品を基本としつつ、経営の安定化のために不動産活用にも積極的に向き合った。それが前章で紹介した前橋本社ビルや大阪営業所ビルの賃貸事業だった。この流れの中で取得したのが、前橋駅前通りにある表町ビルだった。利回りで収益を生み出そうと計画。しかし、なかなか物件を埋めることができない。八階に入居していた日本生命以外はがら空き状態だった。このままでは、幽霊ビルになってしまう。

こうなってくると、売却しようにも買い手はつかないし、解体するにしても億単位のお金がかかる。収益を生み出すどころか、不良債権である。

まずはルアンの運営で、二階にリラクゼーションルームとネイルサロンをオープンした。その後、三階に予備校、四階にネイルスクール、八階に瞑想《めいそう》教室など、少しずつテナントが入り始め、さらに一階に栃木銀行が入居することとなった。

こうして、ようやく表町ビルにも活気が生まれ、採算も好転していった。

一階に金融機関が入ることによって、ビルのイメージと価値が向上する。すると、ビルの

前橋駅前の表町ビル

購入希望者が現れるようになった。「地元企業に売却してほしい」との銀行の要請を受け入れ、ようやくふさわしい購入者が見つかり、二〇一六（平成二八）年一一月に無事売却することができた。売却金額も満足いくもので、不良債権危機をなんとか乗り切った。

元来、ビルを購入したのは家賃収入で経営を安定させようと思ったからだった。しかし、テナントを順調に増やすのは思うに任せない。ビルが古くなると、メンテナンス経費もかさみ管理も楽ではない。そのため、リスクを回避し本業に専念することに切り替えたのだ。

大阪営業所のビルも東京本社の竣工に伴い手放して、ルアンはテナントの一つとなった。

メディア露出の増大

ＣＭは、スーパーミリオンヘアーの認知度を高めるためにも必要不可欠な宣伝方法だと考えている。

これまで何種類ものＣＭを作ってきたが、中でも好評だったのは、二〇一四（平成二六）年三月にドイツで制作したものだ。若いモデルが出演するＣＭは、スマートな出来具合だと評価された。国内ではそのＣＭをドイツ語のまま流し、最後にタレントの山田邦子さんが日本語で「スーパーミリオンヘアーって、世界中で販売されているのですね」と言い、私が「そうなんです」と答えるというものだ。

このころ、日曜の朝七時半から放映されているＴＢＳの人気番組『がっちりマンデー』から会社紹介のオファーをもらった。三〇分番組の中で、アデランス、アートネーチャー、ルアンを紹介するのだという。アデランスは女性かつら、アートネーチャーは増毛、そしてルアンはスーパーミリオンヘアーという視点からの紹介である。

収録日にＴＢＳのスタジオを訪れスタンバイしていると、出演者の森永卓郎さんがスーパーミリオンヘアーを自分の頭に振りかける趣向だと聞いた。森永さんはその場で初めて使用するのでうまくいかないかもしれない。そこで、私が振りかけたいと申し出ると、それが採用された。スタジオでスタンバイし、呼び出されたら登場する流れだ。

アデランス、アートネーチャーの順で紹介され、最後にスーパーミリオンヘアー。私が森永さんの頭に振りかけた。

すると、その見事な変身ぶりに司会の加藤浩次さん、出演のアンガールズ・田中卓志さんも驚いていた。そこで、「田中さんも試してはどうか」という展開となったので、私は言った。

「スーパーミリオンヘアーは髪のない部分には無理なんです。この分野はアデランス、アー

梨本さんとのCM撮影

トネーチャーさんの分野ですね」

そう、田中さんは前髪が後退していたのだ。私の正直なコメントは視聴者に好評だったようで、ルアンの好イメージにつながった。

ちょっと変わった番組としては、ＴＢＳの『あの通販商品はベトナムで売れるのか？』という番組。世界で最も薄毛人口が少ないといわれるベトナムでスーパーミリオンヘアーが売れるのかという趣向である。ベトナムのスーパーの前で、最初ベトナム語で声を掛けるが誰も足を止めてくれない。仕方なく実演を始めた。少しずつ人が足を止め始めた。本来、展示会では定着剤のミストをせず掃除機で取り除き、また実演を繰り返す。番組では、ディレクターの要請で、面白くするため、ミストをしてジョウロで水を掛けて落ちないところを見せてほしいという。洗うたびに美容室へ行き再度、頭をセットする。これを繰り返すため、実演をあまりできないが、一回目の実演後一人の観客が自分にやってほしいと申し出てくれた。実演すると、気に入って買ってくれた。販売第一号だ。ほとんど売れないと思っていたが、合計二二本も売れたのは大健闘と言ってよかった。

二〇一七年九月、テレビ朝日の新番組『社長テスト』から出演依頼を受けた。出演する社長三人にさまざまな質問をし、社長の人間性を引き出すという番組だ。司会を務めるのは、お笑いコンビ・ピースの又吉直樹さん、平成ノブシコブシの吉村崇さんら。私と一緒に、高

ベトナム・ロッテマート店頭での実演販売

ベトナム・ロッテマート

反発マットレスで知られるエアウィーヴの高岡本州社長と、新感覚の日本酒を打ち出している石井酒造の石井誠社長だ。

「あなたのコンプレックスを答えなさい」との質問で、私は迷いなく「チビ・デブ・ハゲ」と回答した。「会社の成長以外の野望を答えなさい」には「死ぬまで働く」と答えた。

三〇分番組なので、あっという間に終わってしまった。しかも深夜二時過ぎの放映だったので、たいした反響もなかった。

二〇一八年一二月には、『石田純一のサンデーゴルフ』に出演した。石田純一さんとＳＫＥ48山内鈴蘭さんのペアと、私とグラビアアイドル森下千里さんのペアマッチである。私はせっかく出るのならスーパーミリオンヘアーの宣伝をしたいので、台本にはなかったもの最初のあいさつのところで実演を申し出た。たとえ放映でカットされたとしても、少なくとも出演者とカメラマンをはじめとするスタッフには見てもらえると思ったのだ。ＯＫが出たので、番組冒頭、紹介のところで実演をさせてもらった。案の定、一同が驚き称賛の声が上がった。こんな具合にテレビ番組の出演依頼があったときには、商品ＰＲの好機と捉えて快諾した。

一方、インターネットのニコニコ生放送の自社番組として二〇一六（平成二五）年九月にスタートしたのが『ハゲどっと来い』だった。「薄毛エンタメ情報番組」と銘打つ、毎週火

銀座のぐんまちゃん家《ち》の店頭で実演

名古屋マックスバリュ
グランド店での実演販売

曜日午後七時からの三〇分番組である。

ネーミングはちょっとどぎついが、内容はいたって真面目。薄毛で悩んでいる人たちの駆け込み寺になるよう、あらゆる薄毛対策を内容に取り入れた。薄毛のメカニズムや対処方法、育毛剤、育毛シャンプー、円形脱毛、かつら等々をテーマとし、皮膚科の医師をはじめとする専門家をゲストに迎え、解決のために掘り下げる内容である。番組は二〇二二年現在も続き、同年四月に二〇〇回を数えた。

加速する海外展開

二〇一〇年代に入ってからも海外展示会に積極的に出展した。

この中からいくつか思い出深い展示会での様子を語りたい。

ドバイで開催された「ビューティーワールド」に初めて参加したのは、二〇一三（平成二五）年五月だった。当時、すでにドバイには代理店があった。その会社は、トイレタリーメーカーを営んでいた。ドバイは富裕国というイメージがあり、それまでにビューティーワー

アメリカ・ラスベガスの
展示会

イタリア・ボローニャの
展示会

イギリス・ロンドンの展示会

イギリス展示会

香港・台北の展示会

ロシア・モスクワの展示会

ドバイの展示会

2016年9月にスタートした
薄毛エンタメ情報番組「ハゲどっと来い」

ルドも何度か開かれていた。

ところが、このときのわれわれの出展ブースは、富裕国のイメージとはかけ離れたものだった。ブースは、代理店が自社出展ブースの隅に用意した小さなスペースに過ぎず、あまりにもイメージとは異なっていた。しかも、代理店は一切われわれを手伝おうとせず、食事にも一緒に行かず、非協力的な姿勢に終始していた。その割に代理店が設定した価格は高い。仕方なく、日本から持っていったサンプルを安く販売したものの、ほとんど売れ残ったという最低な展示会となった。

最後の夜に「クルーズを用意した」と誘いがあったが、迎えに来たのは新入社員一人。しかもクルーズとは名ばかりの木造船でやっと四人が座れるスペースを確保したような状態。隣ではフィリピン人グループが誕生パーティーで盛り上がっている中、われわれは暑さに耐えおとなしく質素に、静かに食事したのみだった。

そんな中でも一つだけ良かったことがあった。ドバイのショッピングモール内の薬局にスーパーミリオンヘアーが置かれていて、しかも私が出演しているビデオが流されていたのだ。そこに私本人が現れたので、店員がびっくりしていた。

逆に二〇一四年五月にドイツ・フランクフルトで開催された「ヘアーワールド」では、実に良い出展ができた。ドイツの代理店は、今までにないスケールのブースを用意し、ドイツ

ドバイの展示会

ドバイで販売している店を訪れた際、スーパーミリオンヘアーの映像が流れていた

ドバイのショッピングモールの
ドラッグストアに置かれている
スーパーミリオンヘアー

ドバイのショッピングモール
他のドラッグストアにもスーパーミリオンヘアーが置かれていた

カラーのレッドで素晴らしいコーディネートに仕上げられていた。

内容も男女三人ずつのモデル、プロのナレーターをブッキングし、売り上げもかつてない記録的なものとなった。展示会後、代理店のオフィスを訪問すると、広さも十分で美しい室内には一〇人ほどのスタッフがきびきびと働いていた。そこは、スーパーミリオンヘアーのみを販売する会社として運営されていた。

韓国とのビジネスも長い歴史がある。二〇一六年三月には、二年に一回のペースで開かれるヘアーワールドが韓国開催となり、ルアンも出展した。

ブースのデザインについては、韓国の代理店に任せていたので、どのような状況になっているのか現地に行くまで全く分からなかった。韓国の代理店はキャリアも長く、毎年香港での展示会に参加し、ブース・デザインのノウハウも豊富だったので任せっきりとなっていた。

展示会場へ行ってみると、予想以上の出来栄えに驚嘆させられた。かつてない広さのブース。実演を見せるモニターは、五〇インチテレビ四台分くらいのサイズがあるというインパクト。商品の展示ケースも素晴らしい。一五人ほどのスタッフは全員そろいのスーパーミリオンヘアーのユニホームをまとっている。もちろんモデルも用意され、ＭＣも二人用意されていた。この完璧な演出に、私たちが学ぶことも多くあった。

インドは経済が急成長を続けているＢＲＩＣｓの発展国である。二〇一六年九月、インド

ドイツの代理店オフィス

ドイツの展示会

ドイツのスーパーミリオンヘアーが
描かれたトレーラー

ドイツ代理店のオフィス入り口

ドイツの展示会に参加したスタッフ

ヘアーワールド　韓国・ソウルの展示会

のムンバイで開催される展示会に初参加した。イギリスの代理店を務めるミストリー氏が自らの出身地であるインドでも販売してみたいということから、試験的に展示会に参加することとなったのである。

空港に降り立つとかなり立派で、ホテルも五つ星で高級である。

ところがその一方、街の中は貧しく路上生活者もいる。

こんなところで、スーパーミリオンヘアーが使われるのだろうか？

そんな疑問を抱えつつ、展示会に挑むこととなった。

展示会準備のため会場へ向かうと、壊れかけた工場のようだった。入り口にはドアもなく、鉄骨はむき出しのまま、エアコンの管だけがぶら下がっていた。館内では、ブース施工業者が工事をしていたが、埃で会場内に霧が舞っている状態だった。とてもマスクなしでは入れない。工事は遅れ気味で、翌日に間に合うのか疑問に思った。われわれのブースにディスプレーできる状態でなかったので、ひとまず引き揚げることとした。

翌日、展示会場へ行くと、何とか展示会の格好になっていた。まさに突貫工事である。

来場者は予想以上に多く、男女とも薄毛の人が多い。実演するお客さまも多数に及んだ。現地での価格は、その平均所得からすると、日本で販売する価格の約一〇倍に相当したので、売れないかと思った。

インドの代理店社長夫妻

インドの展示会

インド展示会の準備会場

そう考えると、三〇セットくらい売れたのは上出来だった。二日目、値段を少し下げると、初日の倍となる約六〇セットの販売となった。価格の展開次第では、インドは良い市場になりそうな予感を抱いた。

二〇一七年には初参加となる展示会がフィリピン、フィンランドの二カ国となった。フィンランドの扱いは大きくないので、効率的な動きをするためにそのまま帰国せずにロシアの展示会に出る予定だった。しかし、旅行会社の手違いでロシア入国のビザを取得していなかったためロシアに入れず、日本に引き揚げざるを得なかった。海外ではこうしたトラブルが決して少なくない。

フィンランドは人口も少なく、ビューティー関係専門の展示会はない。総合見本市みたいな展示会で、来場者はほぼ若い女性。スーパーミリオンヘアーの対象となる人は少なく結果は良いとは言えなかった。

そのフィンランドの代理店の息子ら三人が翌二〇一八年五月、来日した。鹿児島県で開かれる国際青年経営者会議に出席するついでに東京で会いたいという。そこで、ワインスタジオルアンに招待すると、彼らはバンドを組んでいるらしく、楽器の演奏と歌で乗りに乗った。翌日はクルーザーで東京湾をクルージング。さらにその夜は伊香保温泉を招待し、翌日にはルアンの群馬本社と工場を案内した。一連の接待に、後日、「感激した」との連絡があった。

フィリピン・マニラ展示会

フィンランド・ヘルシンキ展示会

RUAN 号で、フィンランドの人々を東京湾クルーズ

このようなことが代理店との信頼関係構築に役立ち、それが売り上げにも跳ね返ってくる。東南アジアは発展途上中の市場であることが多い。二〇一八年には初めてインドネシアの展示会に出展した。この年、同国内に代理店ができたのだ。私と国際部、そして新たに設置した経営企画室から一人ずつ、合計三人で行くこととした。

初日、代理店のオフィスに足を運びミーティング。その後、展示会場に移動して準備。掃除機のパワーが弱いので電気屋を探し、新しいものを入手した。なんとか準備が間に合い、素晴らしいブースに仕上がった。

問題なのは、日本で一〇〇〇円で販売中のミニセットを約一八〇〇円で売るという代理店の意向だ。こちらとしては、所得の低いインドネシアでは割高と捉えられてしまい売れないのではないかと心配した。

しかし、予想に反してまずまずの売り上げとなった。インドネシアの代理店は、日本製品はブランド力が高いので安売りしたくないという思惑があったようだ。そのため、パッケージにもこだわり、サービスとしてタオルを付けるなど、付加価値を上げる工夫も施されていた。

翌二〇一九年一月、インドネシアの代理店から社長とスタッフが二人で来日した。ともに三〇代女性である。代理店としてスタートしたものの、経験も浅くなかなかうまくいかない

インドネシア・ジャカルタ展示会

インドネシアの代理店と榛名で記念撮影。インドネシアの人たちは初めて雪を見た

ため、勉強目的の来日である。

　東京本社のスタッフが二人を群馬本社まで案内した。私がスーパーミリオンヘアーを付けたままテニスをして、汗をかいても取れないシーンを撮影する様子を見学してもらった。その後、伊香保温泉のホテルへ移動。サウナや温泉入浴で汗をかいても取れないシーンを撮影した。その様子にも立ち会ってもらった。その後、日本が初めてで雪を見たことがないという二人を榛名山に案内し、その日は伊香保泊。翌日は工場見学と本社でのミーティング。さらに前橋市内でスーパーミリオンヘアーを扱っている理容室や薬局、ドラッグストアを見学した後、東京に移動しワインスタジオルアンで食事とワイン、カラオケを楽しんでもらった。翌日はＣＭ撮影の立ち会い、さらに翌々日は出展中の幕張メッセでルアンのブースでともに働いてもらった。最終日は東京湾クルーズ。こんな具合にインドネシアの代理店のスタッフにとっては良い経験となったのではないか。

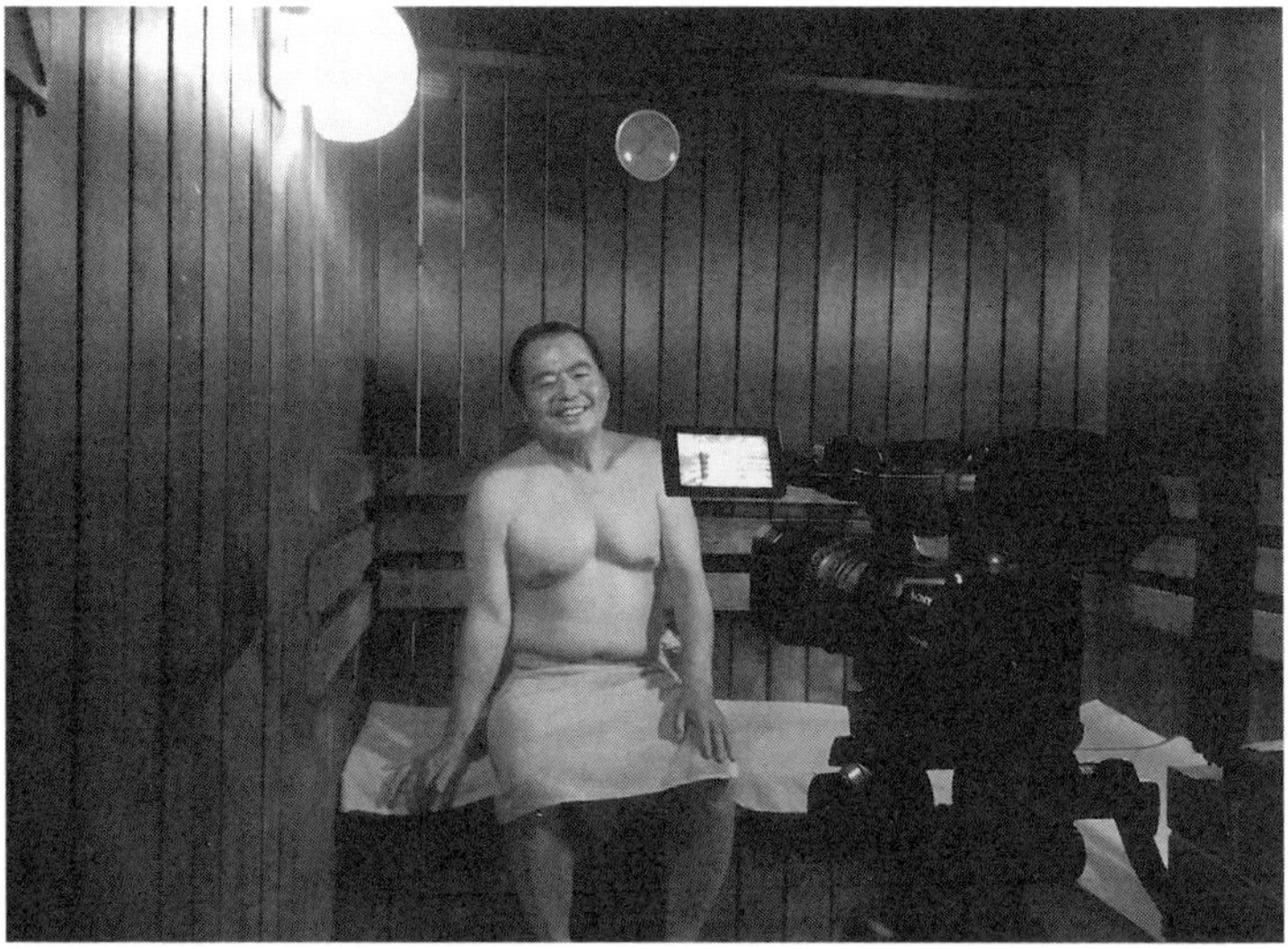

サウナでテスト。サウナでも落ちないことを証明した

タイにおける展開

タイでテレビショッピングを行うというので私に出演依頼があり現地に行くこととなったのは、二〇一八（平成三〇）年二月のことだった。それまでにもタイに代理店はあったものの、動きが悪く売り上げも芳しくなかった。今回、テレビショッピングを担う代理店は動きが良好で、期待できそうだった。とにかく、その国での販売展開がうまくいくかどうかは代理店次第だ。

前日に打ち合わせを行い、当日は二人のＭＣと男女一人ずつ二人のモデルが用意されていた。スーパーミリオンヘアーのモデルは、日本では通常高齢者だが、二人とも二〇代なので驚いた。聞いたところによると、タイでは最近薄毛に悩む若者が多いというので、若い人向きに番組を構成したらしい。若い人に化粧品感覚で使用してもらうというコンセプトだ。

撮影の後、タイのショッピングモールに一八店舗入居しているマツモトキヨシがスーパーミリオンヘアーを販売しているので、見てほしいと案内された。そこには、サンプルが置かれ、ＤＶＤまで流されていた。かなり力が入っているようだった。

しかし、代理店との関係性はうまくいくときばかりではない。

タイのマツモトキヨシでも販売した

タイでテレビショッピングに出演

二〇一八年には、イタリアの代理店と決裂することとなった。毎年三月に開かれているボローニャでの国際化粧品展に一〇年以上一緒に参加しているイタリアの代理店が急きょ出ないと通告してきた。

どうやら、その理由はルアンの国際部が送ったメールにあるようだ。

近々日本で開かれる国際化粧品展へイタリアの代理店希望者が来日することとなっていた。それに関連して国際部が従来の代理店に「今のままの成績では代理店の権利を継続できず、ほかに代理店をつくる」と連絡していたのだ。

これに怒ってしまい、「出展するもんか」という流れである。その後、何度も出展要請したが、かたくなに拒否している。

このままでは一〇年も継続してきた出展ができなくなってしまうが、ひとまず、日本で行われる国際化粧品展での商談を待つこととした。二〇一八年一月、イタリアからやって来た代理店希望者との商談の結果、三月にイタリアで開催される展示会に出展していただけることで話はまとまった。新しいイタリアの代理店は二〇一九（令和元）年五月、来日し、ルアンを初訪問。伊香保温泉に宿泊し、本社ミーティングや工場見学をし、交流を深めた。

海外展開は国際政治の影響を受けてしまうこともある。特に韓国では日韓関係の悪化が販売面にも大きく影響する。二〇一九年に起こった徴用工問題に際しては、日本製品不買運動

イタリア・ボローニャ展示会

フランス・パリ展示会

が起こり、スーパーミリオンヘアーも売れなくなってしまった。その解決策を話し合うため、韓国から代理店が来日した。その結果、部材を韓国へ送り、現地でパッキングすることによって、「メード・イン・コリア」としようということで決着した。

ところで、ネット時代の良いところはタイムラグなしに映像や情報を共有できるところでもある。二〇一七年七月には東京ビッグサイトで開かれた「国際ヘルス＆ビューティグッズＥＸＰＯ」で私が実演していた映像がＳＮＳによって全世界へ拡散され、なんと一四万人もの人が視聴し、話題を集めた。

中国での展開

中国は言うまでもなく、世界で最も成長する可能性を秘めた市場である。しかし、中国でのビジネスにはリスクが付き物である。それでもチャレンジしなければ、結果も得られない。

二〇一四（平成二六）年一一月、ルアンは初の中国テレビ通販に挑戦した。北京のグローバル・ホーム・ショッピングだった。番組内では私が実演したが、現地の男性ＭＣが一方的に話し続け、私がしゃべる場面は皆無だった。中国市場に対する期待は大きかったが、結果は予想を下回った。時期尚早だったことと価格がやや高めの設定だったことがその理由だった。そうはいっても全く売れないわけでもなく、ある程度は販売が伸びた。国民の年収増に伴い、需要は伸びていくだろうと思った。

それから二年後の二〇一六年一二月、中国の代理店から連絡があった。一月に中国一のテレビ通販会社である上海の東方ＣＪに採用されるかもしれないというのだ。年が変わると、「採用決定」との連絡を受けた。そこで準備を始めた途端、「やはり採用できないかもしれない」との連絡が入ったかと思うと、翌日には「採用されることとなった」という連絡がくる。

本当に大丈夫なのだろうか。

半信半疑のまま準備を始めた。すると、また連絡があり、サービスで添付する確認用のミラーが足りないので手持ちで持ってきてほしいとの依頼だ。ミラーは五〇〇個で一五〇キロ。とても手持ちできるものではない。すぐに航空便で送れば間に合いそうなので、送ることにした。こうした場合、従来なら経費面から部品を現地に送り、現地で組み立てていたが、組み立てる時間もとれないので完成品を送った。

放送は一月一八日夜九時二〇分から。「一六日までに中国入りしてほしい」との要請。私と社員の二人で現地に飛んだが、上海の空港には代理店の迎えがいない。三〇分くらい待つと浮かない顔をしながらやって来た。

「社長がテレビ出演できなくなった。せっかく来てもらったのに。もう中国いやだ」

これが中国代理店の第一声だ。

「やれやれ」と思ったが、私は冷静に「中国ではありうる話」と思った。

「前日までに言ってもらえばよかったのに」と中国の代理店は落胆していた。

東方ＣＪの番組とは別に明朝前撮りをしたいというので、指定された撮影場所へ行くとマンションの一室で撮影準備がされていた。

そこで私一人がカメラに向かい短いフレーズで自己紹介、商品紹介の収録を行った。その後、昼食を食べていると、東方ＣＪから連絡が入る。私が出演できるかもしれないから、すぐにパスポートをコピーして送ってほしい、というのだ。

なんというドタバタ。

その足で、東方ＣＪへ出向き、私の紹介とミーティングを行った。そして、生放送なので一切しゃべらないという条件で出演が認められた。ホテルへ戻るとＭＣスタッフと合流して、夕食後に部屋でリハーサル。終了したのは深夜一一時三〇分だった。

心配なことが、もう一つあった。

実演する一〇人ほどのモデルはみな初体験で、うまくスーパーミリオンヘアーをかけるこ

中国・上海の展示会

中国での
テレビショッピング
東方 CJ に出演した
モデルの人たち

東方 CJ のスタジオで中国代理店社長と

とができる保証がない。

撮影当日、モデルには早めにホテルに集まってもらい、部屋で振りかける練習を繰り返した。かけては掃除機で取り除き、またかける。何度も何度もできるようになるまで、繰り返した。

その後、スタジオに行き、東方ＣＪのディレクターの前でモデルたちが実演した結果、最終的にＯＫをもらった。再びホテルに戻って最後の準備をして生放送に臨んだ。

四〇分に及ぶ生放送は多少の問題はあったものの、無事に終えることができた。

予想はせいぜい三〇〇本程度の売れ行きであったが、その三倍に当たる九〇〇本以上のセールスを記録した。すったもんだのテレビ通販番組出演だったが、結果的に大成功を収めた。

学会＆展示会への出展

われわれ毛髪業界・美容業界に属する業者は、学会の動きにも敏感である必要がある。学会に併設される業者展示会にもこまめに出展するようにしてきた。

二〇一六（平成二八）年二月、新宿の京王プラザホテルで開かれた日本皮膚学会と同時に行われた業者展示会に出展した。このイベントは二〇〇〇年代半ばに一度参加したことがあったが、その時とは様相が大きく変わっていた。出展業者は一〇社程度から五〇社に増えた。学会への参加者は若い女医が目立ち、それに伴って美容関連の出展業者が増えたという側面があった。

実演を見学する医師からも「この商品をあの患者さんに勧めたい」などと反応も上々だった。

このイベントへの参加を通して、ルアンとしても皮膚科領域へのアプローチが必要不可欠であることを痛感した。それまで、皮膚科は薬品以外は相手にしないだろうと決めてかかっていたのだ。その先入観がもはや通用しないことを知った。そういう意味で貴重な展示会だった。

翌二〇一七年一〇月末には、京都で開催された「世界毛髪研究会議（World Congress for Hair Research）」に出展した。世界から毛髪に関わる医師・研究者が集まり、研究発表を四日間にわたって行う。そして毛髪関連業者が会場外に出展するというものだ。ルアンがここに出展するのは初めての試みである。資生堂、アデランス、スベンソンをはじめ、約三〇業者が出展した。しかし、このイベントはあまり盛況というわけにはいかなかった。

日本臨床毛髪学会での発表

日本臨床毛髪学会での発表

2016年2月
日本臨床毛髪学会での実演

さらに翌二〇一八年一一月、東京・日暮里で行われた日本臨床毛髪学会に参加した。このイベントでは、メーカー約二〇社がブースを構え、一般を対象とした講演とドクターを対象とした講演が二会場で開催される形式だった。ルアンは両会場で講演したが、双方ともに良好な反応で、スタッフともどもモチベーションアップにつながった。

スーパーミリオンヘアーはスカイダイビングに耐えられるか？

スーパーミリオンヘアーが、おびただしい類似品が出回る中でも、発売から約三五年にもわたって人々から愛され続けてきたのは、やはり商品としての性能が高いということが最大の要因だと考えている。

それを示す逸話を紹介したい。

あるテレビショッピング会社の提案により、スーパーミリオンヘアーがスカイダイビングで取れないかどうかを実験することとなった。それは二〇一五（平成二七）年一月のことで、埼玉県桶川市にある飛行場で行われた。さすがにスカイダイビングを私が実践するのは無理なので、芸能プロに所属する薄毛のモデルに頼んだ。

当日は冷たい季節風が吹き荒れた。私たちは午前中からスタンバイしていたが、正午ごろになっても飛行のＯＫが出ない。ようやく午後になると風が少し弱まってゴーサインが出た。

モデルの頭にスーパーミリオンヘアーをかけミストを施す。四〇〇〇メートルの上空まで上昇し、そこから約二〇〇キロメートルの速度でダイビングするのだ。

モデルは無事に地上に降り立った。私は降りてきたモデルを出迎えた。

早速、頭髪をチェックする。少し不安ではあったが、スーパーミリオンヘアーは全く問題なく欠落した部分はなかった。さらに噴霧器でモデルの頭に水をかけてみたが、全く取れなかった。

素晴らしい結果に私は誇らしい気分だった。

スカイダイビングでの実験

モデルにスーパーミリオンヘアーと
ミストを振りかける

スカイダイビングで耐えられるか実験。モデルが無事に戻って来た。取れてないか？

エース級の退社と立て直し

これまでも書いてきたが、中小企業にとって最大の課題は人材だと思っている。ルアンも中小企業であるが、設立当初から人材には苦労してきた。そんな中でも、もちろん力のあるスタッフに成長することも少なくない。このような人材は幹部候補生として、私も期待している。

こうした人材の一人、東京本社のトップの座にある責任者から退職の申し出があった。二〇一五（平成二七）年八月のことである。

予想もしていなかった。私は大きなショックを受けた。

年齢的に中堅の彼は、銀座ビルの立ち上げから携わってきた人材だった。入社から一〇年が経ち、仕事もできる。将来、経営の一翼を担ってもらおうと考えていた。彼と話し合うと、辞める理由は三つ。まず、四〇歳を迎え、①自分で事業を起こすとしたら最後のチャンス、②健康上の理由から続けていく自信がない、③上司についていけない、というものだった。

私は慰留に努めたものの本人の意思は固かった。

続いて、その部下が二人辞職するという事態となった。

こうして東京本社の営業部隊は五人から一気に二人になってしまった。

そこで、群馬の本社に在籍していた私の長男を東京に転勤させることとした。彼はルアンではまず工場を経験した後、本社で営業をしていた。彼としても、社長を務める親のもとを離れたい気持ちがあったようなので、良いチャンスとなった。

また、ビルテナント管理、直営のワインスタジオ、リラクゼーションサロンなどの運営、通販業務については、本社国際部の責任者が週二〜三日東京に出張することで乗り切ることにした。同様にネット関連業務に関しても、本社責任者が週一のペースで上京して管理業務に携わった。

こうして東京本社の運営は落ち着きを取り戻していくこととなった。

ルアンの組織では東京本社の中に東京営業所も位置付けられているが、二〇一九年一月にはそこの所長が突然辞職を表明した。独立して販売促進の事業を起こすというのだ。彼はそれに当たって、今後は商談を含めルアンの仕事を外注として請け負いたいという。だが、私も営業部長も社の根幹に関わる営業を外部に委託したいとは思わない。「社内の人間でできる範囲でやっていけばよい」という考えで一致した。足りない部分はみんなで手分けしてフォローすることにした。

新工場の建設

海外展開を加速させるとともに、ルアンは製品の品質の国際的な基準への適合についても積極的に進めることとなった。二〇一四（平成二六）年八月にはＧＭＰ（Good Manufacturing Practice）としてＩＳＯ２２７１６（化粧品ＧＭＰ）を取得した。これは、化粧品の製造に関する品質・安全性に関する国際規格である。これを取得することで輸出も容易になる。

さらに、かねてから探していた新工場用地を群馬本社から自動車で一〇分くらいのところに確保した。従来は群馬本社ビルの一階を工場としていた。海外代理店の来日と視察が増えるに連れて工場見学の機会も多い。本社とは別に独立した近代的な工場の必要性を痛感するようになっていた。工場用地は一一〇〇坪、工場には六〇〇坪ほどを予定した。コンサルタントのアドバイスを受けて設計を行い、二〇一五年七月に着工し、翌一六年二月に完成した。洗練されたデザインの美しい工場に仕上がった。

従業員の作業性を考慮し、広々とした空間とホテルを思わせるようなきれいなトイレ、天井には雲をデザインしたガラス張りの食堂、立派な応接を備えたスタイリッシュな商談室な

近代的な新工場　群馬県前橋市

きれいな工場内

ど、来訪者が一様に「工場とは思えない」と感嘆する造りとなった。

海外展開の黎明期、工場を見学したいという海外からの取引先に対応するために、オフィスの一角を急きょ造作した時代とは大きく進化した。

見学に訪れる取引先に対するイメージの向上はもちろんのこと、工場で働く従業員の誇りにもつながるという効果も大きかった。

濡れ衣を晴らす

インターネットは情報の宝庫だが、フェイクニュースもあふれている。だが、その真贋《しんがん》を見極めるのは一筋縄ではなく、われわれ企業もひとたび良くない噂にさらされれば、ブランド力を毀損《きそん》してしまうリスクを抱えている。

二〇一九（令和元）年一一月、かねてインターネット上で出回っていた噂「スーパーミリオンヘアーがＭＲＩを壊す」を、私は看過できないと考えた。

こういった噂はそのままにせず、そうでないことを証明する必要がある。科学的に証明す

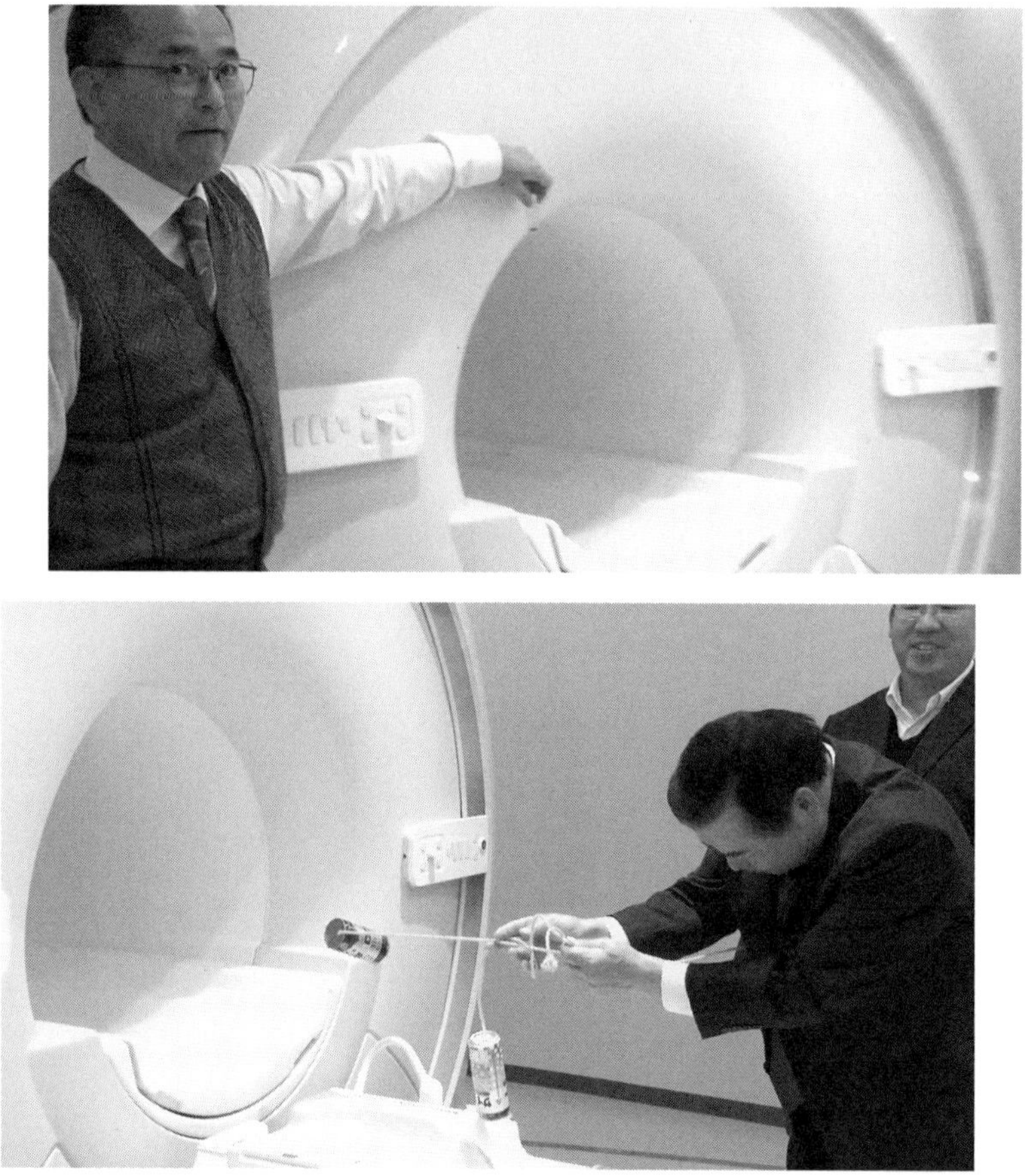

実際にMRIを使って証明した

れば、噂も鎮火していくはずである。

そこで、検査機関を探していたのだが、協力先がようやく見つかった。

前橋市内にある群馬県立県民健康科学大学が協力してくれることとなった。

検査当日は、私、研究開発担当者、企画室長、カメラマンの四人で同大学に向かった。先方では、教授と准教授が迎えてくれた。

磁気テスト、熱量テスト、画像影響テストの大きく三項目があり、スーパーミリオンヘアーによる反応をガラス瓶に入れて調査したところ、答えはＮＯ。機器類・検査結果などが、スーパーミリオンヘアーの影響を受けないことが示された。

新しい販促活動に挑戦

二〇一六（平成二八）年七月、スーパーミリオンヘアーを販売して以来、初めてのユーザーミーティングを行った。

参加人数は七人。それらの意見は、今後営業において参考になるものだった。

使用してくれている人の意見を聞いて商品開発に生かそうとユーザーミーティングを開催

同年八月には、横浜でサロンミーティングを行うこととした。

問屋の企画で、スーパーミリオンヘアーに関心のあるサロンを集め、説明会を行うと同時に私との写真を撮り、サービスでポスターをつくって店に飾ってもらおうというものだ。もしこの企画がうまく行けば全国へ展開しようと、問屋の幹部の発案で実施することとなった。

最初は五〇サロンを集める予定だったが、集まったのは二〇サロンくらい。数は目標よりも少なかったが、それなりに盛り上がり今後も展開していくこととなった。

企画室長の提案で、コンサート会場の入場口でスーパーミリオンヘアーの紹介をすることが決まった。

コンサートは、細川たかしさんだ。ターゲットが重なるとの判断である。ターゲットは合っていたが、目的がコンサートであるため、お客さまは説明を聞く間もなく会場に直行する場合がほとんど。そのため効率が悪く、経費の割には注文が取れず、再チャレンジは諦め単発企画となった。

しかし、新しい取り組みは良いことなのでこれからも挑戦していくつもりだ。

趣味のクルーザー

大学を卒業以来、働きづめに働いてきた。趣味らしい趣味も持たずに仕事に打ち込む日々が続いていたのだ。

そんな二〇一七（平成二九）年三月、娘のプレゼントで、東京をヘリコプターによるナイトクルーズに出かけた。ついでに妻と二人で以前から興味のあったクルーザーを見学することにした。実はそのちょっと前に突然脚に痛みが走り引きずっていたのだが、見学予定の数日前に治った。

「このまま具合が悪くなったら、できることが限られてしまう。もう年も七〇になることであるし、仕事だけでなくいまのうちにやれることをやろう」

そんな気持ちを抱いていた。

ちょうどそのころ前橋市表町のビルが売却でき、例年よりも大幅に利益が上がりそうだったので、「今しかない」と考え、クルーザーを見学しているうちに購入を決めた。

実は船舶免許だけは二五年前に取得していた。買ったのは中古であるが、一二人乗りだから家族も従業員も楽しめるだろう。飽きたら売ればいい。

今から考えても英断だと思っている。

クルーザーを売却してくれたイズミマリーンの社長と話をした。社長はユニークな人物で、昔はプロパンガスの販売をやっていたらしい。寝ずに働きスーパーカーを買い、次にクルーザーを買ったが、管理の難しさから自分で先祖が残した土地を売りマリーナを買うことにしたというのだ。陸と海を制した彼は、さらに空もと、渡米し英語もままならないのにヘリの免許を取得したという。ほかの人が叶うことのないほど夢を達成したのに、まだ夢はグレードアップしているのだ。社長は言う。

「人の命は明日なくなるかもしれない、知っているのは神だけだ、だから悔いのないように今を生きたい」

そんな話に、私は共感した。また、ボートの管理において「常にユーザーの立場に立ち、ユーザーにとって良い方を選ぶ」という考えにも共鳴した。

この社長からクルーザーを買ってよかったと思えた。

クルーザーを手に入れると、生活に張りが出てきたようだった。今までの二級免許よりももっと上を目指したいという気持ちが生まれてきた。そこで、免許の更新に合わせ、一級小型船舶免許の取得に挑戦することにした。国内外への出張やニコニコ生放送、日々の業務の合間を縫って、ホテルや電車移動のちょっとした時間を見つけては勉強した。最も大変なの

RUAN 号 1 号艇

趣味のクルーザー

イズミマリーン社長のヘリコプター

が、海図を用いる問題である。三角定規やコンパス、ディバイダ（長さを測る文房具）を使い、距離や時間を割り出していくのだ。

試験後、解答が張り出され、照らし合わせてみると、一問だけの間違い。なんとか合格できた。七〇歳の頭の体操のつもりだったが、時間が少なく厳しかった。免許証を手にして、晴れ晴れしい気分に満たされた。

二〇一七年にクルーザーを購入したばかりだったが、翌年に一級免許を取得したことを機に、大型船に興味が生まれ、約三〇年前の中古、五〇フィートの船を購入した。古いため価格は安いが、その分、メンテナンスとリフォームに時間を要した。

営業会議に合わせ、進水式を行った。東京夢の島マリーナまで神主さんに来てもらい、お祓《はら》いをしていただいた。

購入した大型船は、三室のベットルームとトイレ、シャワー、キッチン、リビングを備えた一五人乗り。停泊中であれば、大人数でパーティーもでき、もちろん、宿泊も可能だ。そこへ泊まってホテル代わりにも利用できる。

「運転に慣れたら、離島へも行ってみたい」

大型船を手に入れると、夢がふくらんだ。

贅沢のようだが、船は一年で償却ができ、節税にもなるので、売却額によっては利益を出

RUAN 号２号艇　２台目進水式

２台目クルーザー
東京夢の島マリーナに
係留の RUAN ２号艇

すことも可能なのだ。

海外代理店が来日したときは、クルーズ接待もでき、価値は十分あった。

第七章

コロナ禍での闘い、そしてこれから

家族のこと

普段の仕事が忙しく日常的に家族サービスするのはなかなか難しい。そこで随分前から年に二回は必ず時間を取り、家族みんなでの旅行を続けている。

二人の娘とその夫、孫を引き連れて総勢一〇人くらいで旅行に行く。娘家族はよく群馬にも来るし、親密と言っていいだろう。

私が全国行脚を続けているときは、ほとんど家にいなかった。そのかわりに毎週のように出張場所のお土産を子どもたちのために買って家に帰った。

それくらい子どもに対する思いは強かった。子どもたちが高校受験のときは、三人とも私が見てあげた。教員を目指した時期もあり、勉強を教えるのは苦手ではなかった。

長女、次女ともに高校まで同居し、大学進学と同時に上京した。長女は卒業後、一旦他企業に就職した後、ルアンに入社。現在は結婚し、東京在住だ。次女は大学時代の同級生と結婚し、初めは仙台で暮らしていたが、その後、東京へ転居した。次女の夫は食品卸会社に勤めていたが、二〇二一（令和三）年にルアンに入社した。次女もルアンでパートとして働いていたが、出産・育児のため現在は休んでいる。現在私には、長女に二人、次女に三人、長

家族旅行　草津

家族旅行　子どもと孫とにぎやかに

男に一人の孫がいる。

長男はイギリスやアメリカへの留学を経て帰郷し、ルアンに就職した。当初は工場に勤務した。営業をやるようなタイプには見えなかったが、営業に回してみるとそこそこの成績を上げた。群馬本社での営業を経て、後に東京で営業活動に携わった。その後、再び群馬に戻ってきて勤務していた。

しかし、長男は「他の会社で経験してみたい」と、二〇二〇年、七年ほど務めたルアンを退職し、携帯電話の販売会社に転職した。ルアン以外の場所で働くのは初めてのことであり、そういう意味では良い経験になっているのではないか。

長男は、会社に対する従業員の不平不満の聞き役となってしまっていた。社員とすれば、私よりも長男のほうが年齢が近く話しやすい。そんなことが重なり、長男は私に対し「なんでこんな会社になっているのか」と詰問してくることが多くあった。私からすれば、悪い意味で感化されてしまっていた。私の話を全く聞こうとせず、一方的に経営のあり方を責め立てる傾向があった。結局、経営者ではなく従業員の目線オンリーの考え方で物を言うようになった。

「俺はこんな会社にはいられない」

いつしかこんなふうに考えるようになった。経営陣とはしがらみのないところで、一度働

長男の結婚式

いてみたいと彼は考えるようになった。私もそうするのがいいだろうと思った。

彼は、二〇二〇年七月、結婚式を挙げることとなった。当初は五月が予定だったがコロナ禍による緊急事態宣言などで延期し、規模も縮小して五〇人程度、親族中心の結婚式である。その場で、彼はだれにも相談せず、突然ルアンからの退職を宣言してしまったのである。前々から「辞めたい」と言ってはいたが、まさか結婚式のその日に宣言するとは誰も思わない。結婚相手すら知らされていなかった。

長男であることもあり、私は本人が成長できればという条件付きで、将来は会社を継いでもらいたいとも考えていた。基本的には親族に限らず実力のある人に次期社長になってもらいたいが、長男に実力がつくのであれば、任せたいという思いはある。ルアンのような中小企業の場合、親族が継ぐほうがまとまりやすい。しかも相続の問題もある。親族以外が継ぐ場合、株式を買わなければならないので金銭的負担が大きくなってしまう。親族なら無税だ。いろいろな意味で、長男が次期社長になるのが、もっとも問題が少ない。

将来的には子育てが一段落すれば二人の娘たちも会社に戻ってくるだろう。また、既に入社している次女の夫は仕事ができるので、幹部に成長するはずだ。こうした中で、みんなで協力できる体制がうまくつくれればいいと考えている。

だが、家族間の場合、関係性がこじれたときには、その歪みも大きい。それをうまくまとめ上げるのが、今後の私の役割となるかもしれない。

二〇二二年に家族が一堂に会する機会があり、その場で長男がみんなに「協力をよろしくお願いします」と語った。将来的に会社に戻り、なんとかしなければという思いが芽生えたようだ。当面は、今後の成り行きを見守っていくつもりだ。

実は、いまだから言えるが、一旦、長男が会社を離れたことで、私も落ち着いて物事を考えられるようになったという面がある。長男からは常に「こんな会社では駄目だ」と不平不満を言われていた。理解できる部分もあるが、制限の多い中小企業では一足飛びに改善できないことが多くあるのだ。社から離れてそういう衝突がなくなって、長男とは関係性が改善し、すっきりした気分もある。他の会社を見て経験を積んで、一皮むけて戻ってきてくれることを期待している。

一方、約一〇年間交際期間を経て結婚した妻は、元々ルアンの事務員として働いていた。だから、会社のことは知り尽くしているし、現在も経理を担当している。家族のことはもちろん、会社のことも相談できる良きパートナーである。

妻は、私の考えに対して反対することも少なくない。中小企業の社長は、まわりにイエスマンばかりになりがちであるが、反対してくれる人は貴重な存在だと考えている。モデルの使い方、広告戦略などについても、私の考えとは異なるケースも多いのだ。

長男の再入社

その後、長男が携帯ショップを辞めてルアンに戻ってきたのは、二〇二二（令和四）年七月のことだった。

「戻ってこない可能性も低くないな」

私はそう思っていたので、長男の決心を聞いたときは心からうれしかった。

しかも考え方が以前とは大きく変わっていた。経営者の立場で考えられるようになったのだ。

再入社して働いている姿を見ると、積極的に各部署とミーティングを行い、コミュニケーションを図っている。

私との関係性も変貌した。食事も一緒にするし、密なコミュニケーションをとるように心がけているのが分かった。毎週東京に行くが、その時はともに私のマンションに泊まる。私から経営者としての心構えを学ぼうとしているのかもしれなかった。

展示会に参加するときでも、自ら進んで販売やナレーションを行い、外国人を相手にする商談にも前向きに取り組んでいる。今までは躊躇していたテレビショッピングにも、厭《いと》わずに出演し、商品のＰＲに努めるようになった。

ルアンとは何の関係もない職場で、いろいろな経験を積んだことが、本人の考え方を変えることにつながったのだろう。

二年間、他社での仕事を経験したことが、功を奏したのだ。

新しい風を吹かせるために

スーパーミリオンヘアーの主たるターゲットは、中高年層である。従来は六〇代、七〇代の顧客が多かったが、それだけでは尻すぼみになってしまう。

どうやってもっと若い層にアプローチしていくかが、成長の決め手となるだろう。

そのために少しずつ新しい商品を市場に送り出す努力を続けてきた。

その一つが五年前にリリースしたヘアファンデーションだった。これは白髪を染めずに手軽にメイクで自然にカバーするもので、ムラになりにくい、ベタつかない、安心・安全、シャンプーで簡単に落ちる、経済的、濃さの調整も簡単といった利点がある商品だ。二〇二〇年にはメンズも発売した。

ファンデーションは、スーパーミリオンヘアーよりももっと若い層、白髪が気になり出す年齢層にも好評で、発売以来徐々に売り上げを伸ばし、二〇二二年時点でルアンの売り上げの二〇％を占めるまでに成長した。

会社のベースとなるのはあくまでもスーパーミリオンヘアーであり、費用対効果の面がいまひとつであるにしてもコマーシャルは続けていくつもりだ。

ヘアファンデーションは今後ますますルアンの売り上げに占める割合は高まっていくはずである。

毛髪市場の昨今の動きでは、育毛剤市場が活性化している。隠すよりも生やそうというわけだ。

実は、ルアンでも育毛剤を開発したらいいのではないかという意見もある。テレビショッピングの会社からも開発を勧められた。

これは私見であるが、世の中に流通している育毛剤のほとんどは現実的に毛が生えるということはないと考えている。

私は、心理作戦で商品を売るのは好きではない。現実的に結果の出る商品であることを原則としているのだ。そういう意味でスーパーミリオンヘアーやヘアファンデーションは確実

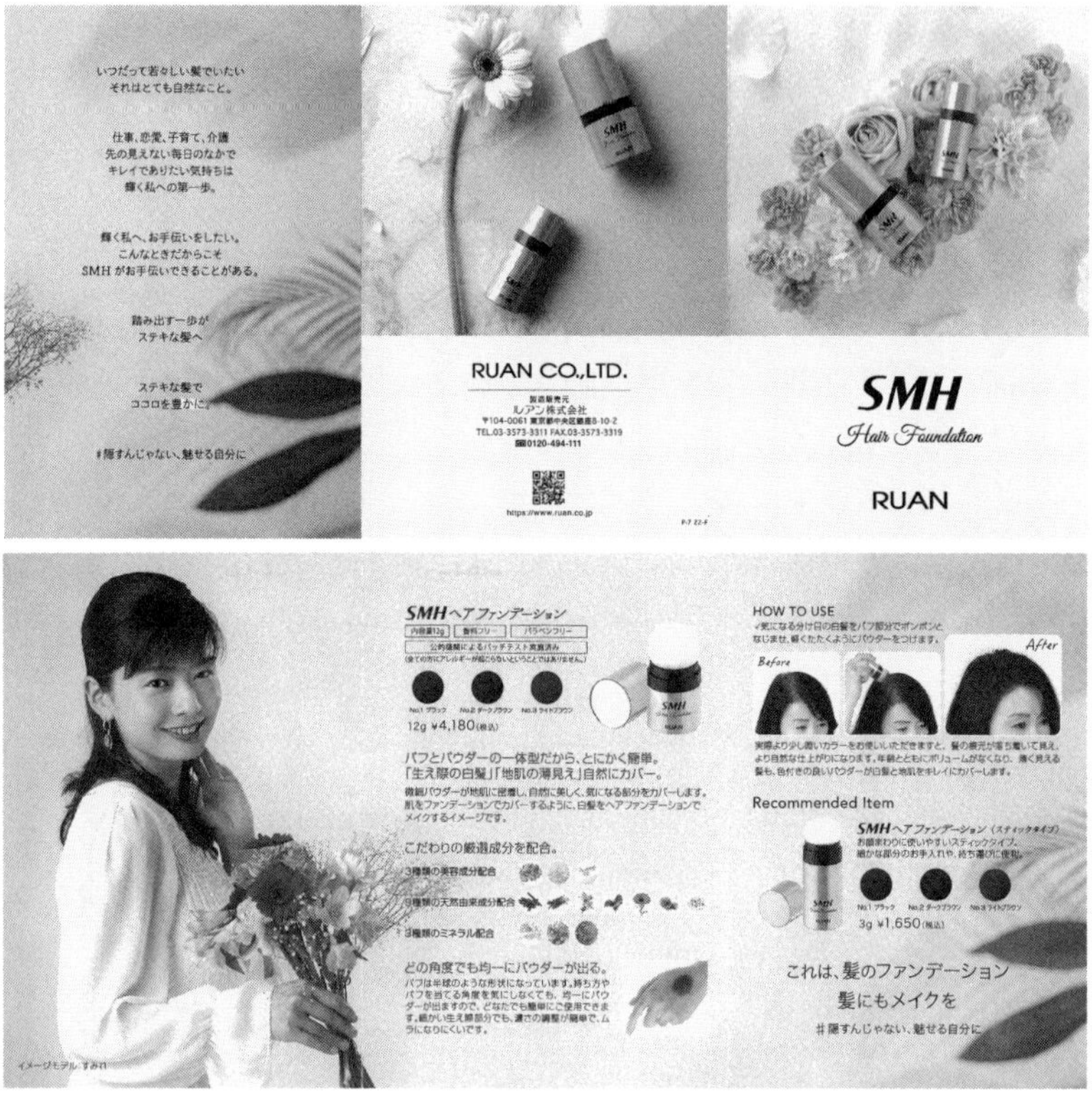

2015 年発売女性用 SMH ヘアーファンデーション

2020 年発売 SMH メンズヘアーファンデーション

に結果が出る。あたかも実現できるかのように諂う商品展開は私の性に合わない、嫌いなのだ。実は、私も他社からテレビショッピングのモデルになってほしいと言われたことがある。肌艶が良く若く見えるし、すでにテレビ出演なども多く顔が知られているというのが、誘いの理由だったが断った。

ルアンの育毛剤開発についても「本人が満足すればいいではないか」と言われることもあるが、そのやり方は、どうにも私は好きになれないのだ。だから、結果の出ないものは、手を出さない。それがルアンの商品展開の原則である。

コロナ禍に直面して

二〇一九（令和元）年の一二月ごろ、中国の武漢を起点として世界中に蔓延していった新型コロナウイルス感染症は、世界中の経済に大きな影響を与えることとなった。

居酒屋をはじめとする飲食業の不振がマスメディアをにぎわすこととなったが、ルアンも状況は同じだった。

コロナ禍では緊急事態宣言も出され、自粛ムードが広がった。当然、外出は減少する。外出が減ると、スーパーミリオンヘアーを使用する機会も減少する。特に第一線を退いている六〇代、七〇代のターゲット層が大きく影響を受けた。これらの層は、年齢的に薄毛を隠すことから離脱する傾向もあり、それが売り上げ減に拍車をかける。

また、ルアンのビジネス戦略の大きな要である展示会がコロナ禍でほとんど中止となってしまったのも痛かった。新規の顧客を獲得する機会が失われてしまった。

一方、コロナ禍とは別にここ数年、育毛剤市場が活性化し、隠すよりも根本的な改善を目指す人々が増えている。

二〇二〇年、こうした市場の動きがコロナ禍と相まって打撃となった。四月には緊急事態宣言が七都道府県に発令され、やがて全国に波及した。

同年三月前年比二〇％ダウン、四月前年比二五％ダウンと目に見えて業績が減速した。応急の対策として、役員報酬の三〇％オフ、従業員の輪番制採用により出社を半減させ、出社のない日は七〇％支給とし、全体で給与を八〇％に抑えた。

そのほか、広告費の削減、出張経費の削減、展示会出展費の削減など、これまでにない大幅なコスト削減を余儀なくされた。

緊急事態宣言を受けて、営業活動がむずかしくなった。東京銀座ビルのテナントからも、営業ができないことを理由に家賃交渉をもちかけられ、臨機応変に対応した。

五月はさらに落ち込みが激しく、五月が終わったところで、売り上げは三〇％減少していた。特にアマゾンにおける売り上げが不振を極めた。外出者の減少に加え、アマゾンがコロナ関連商品の販促に力点を置いたため、一般商品のアピールがメインページから姿を消してしまったのがその主たる原因だった。

六月、緊急事態宣言は解除されたものの、コロナ禍が終わったわけではなく、売り上げは徐々に回復基調とはなったものの、前年比八〇％程度にとどまり、それ以上への上昇が難しい状況が続く。緊急事態宣言はその後も幾度か繰り返し発令され、そのたびにただでさえ前年比八〇％程度の売り上げはさらに落ち込むこととなった。

二〇二〇年一〇月には、久々となる展示会、ビューティーワールドウエストが大阪で開催された。来場者数の落ち込みが懸念されたが、前年の八〇%ほどの来場者があり、ルアンの売り上げもなんと前年を上回り、ネガティブな状況の中、元気の出るイベントとなった。

二〇二一年三月期、二〇〇〇年の決算が出た。売り上げは十数パーセントのマイナスだったが、役員報酬と広告費のカット、展示会の開催減少による経費減少などにより、予想に反して黒字となった。

二〇二二年時点では、展示会などはコロナ禍以前とほぼ同様に開催され、来場者も集まるようになっている。ただ従来は中国からの来場者がかなり多かったが、国外からの来場者はいまはいない。そこが大きな違いだ。

ネットショッピングの動向

コロナ禍以降、楽天やヤフーなどネットショッピングサイトにおいて「円形脱毛症」「薄毛」などのワードで検索しても、スーパーミリオンヘアーがほとんど出てこなくなった。

理美容問屋からの要望もあり、ネット安売りを避けるために卸価格を上げたのが原因なのだろうが、以前ほど業者にスーパーミリオンヘアーが掲載されなくなった。

そこで早速に担当者に手を打つように指示し、広告の打てるところには広告を出した結果、徐々に目立つようになり、ネットからの売り上げも上昇していった。

時代の流れとしてネット業者を無視できない。安売りされても出荷していかなければ、取り残されてしまうかもしれないと思った。

それとともに、コロナ禍で社会全体がマイナス思考に陥る中、このままではジリ貧になってしまうと考え、新商品を投入した。まず、ヘアーファンデーションのスティックタイプを主としてドラッグストア向けに発売した。また、冷え込んでいる海外市場に向けて補充毛形式の原価版を出した。さらに、メンズヘアーファンデーションを若者向けに出した。

ネット利用と若者ターゲットは、これからのキーワードになる。これは、前から考えてい

コロナ禍で車両には私一人

東京駅
コロナ禍でホームはガラガラ

ビューティーワールド（東京）
コロナ禍での開催だった

たことでもあったが、コロナ禍を機によりその傾向が鮮明になったと言えるだろう。そう考えると、モデルは私ではなく、もっと若い人にしたほうがいいのかもしれない。

若い層を取り込むことは必要不可欠であるが、実際問題としてメインのターゲットにはならないし、年齢的にも薄毛初期に該当するため量は使わないし、育毛剤に向きがちという面もある。だから、若い層へのアプローチは先を見据えた投資となる。

また、女性の愛用者が増えつつあることも傾向の一つだ。女性の場合、スーパーミリオンヘアーよりも圧倒的にファンデーションが多くなっている。スーパーミリオンヘアーからファンデーションへの移行も多い。本来は元々の顧客内での食い合いよりは、ファンデーションは新たな層を開拓することで伸びていくのが望ましいので、そういった面からもネット広告は必要不可欠となる。

今後のビジョンについて

ルアンの販売ルートは、ドラッグストア、理容・美容、ネット、テレビショッピング、海

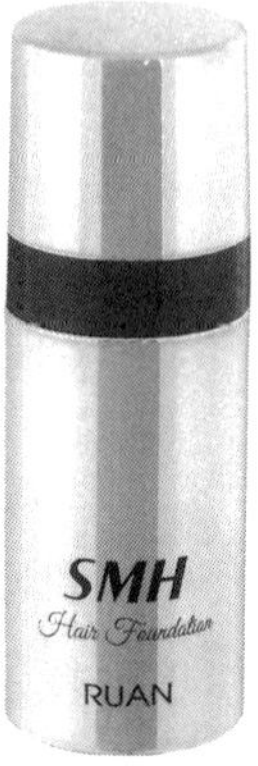

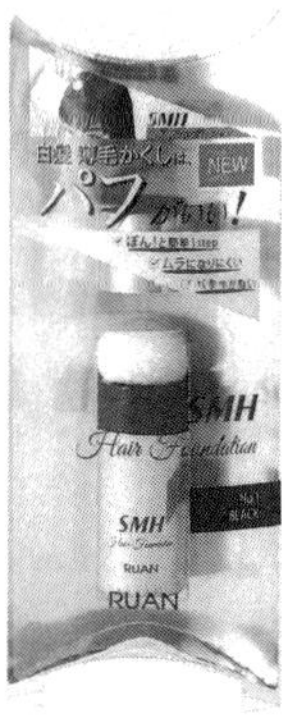

ドラッグストア向け
SMH スティックファンデーション

補充毛

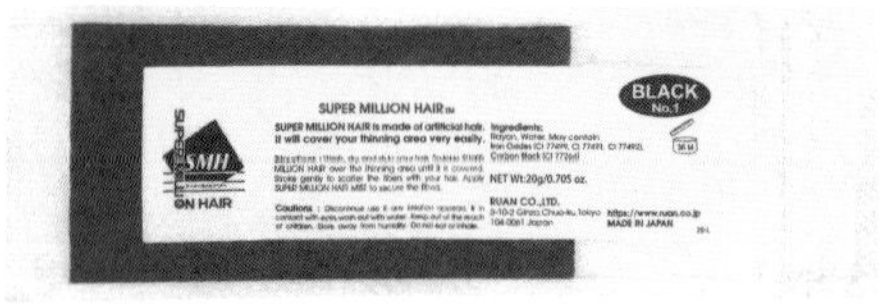

海外向けに詰め替えできる商品も販売

外など、複数が確立されている。

こうした販路に最適な商品を投入するという視点からも、市場に合った商品を開発して投入していくことを考えている。

現状の商品、大きくスーパーミリオンヘアーとヘアーファンデーションだけでは、売り上げにも限界がある。売り上げを増やしていくには、いろいろな方向で考えていくつもりだ。化粧品というカテゴリが中心になるだろうが、そこにこだわる必要もないだろう。市場の特性、ルアンの販売ルートに合致した商品の開発を加速する。すでに開発部隊が続々とアイデアを提案している。そして、開発部門だけではなく社員全員がアイデアを提案できる社内風土もある。毛髪に限定することなく、多様な観点からの開発が始まっている。

他社の事例を見ると、「○○自然食品」という社名なのに化粧品を出しているところもある。だからルアンも毛髪関連に限定せず、幅広いジャンルで考えていきたい。

他社もそうだと思うが、ルアンの守備範囲とする分野で他社から新商品が出たときは購入してテストを行う。テストで本当に良いものだと判断すれば、その方向性の分野で開発に挑戦するときもある。なぜなら、ヒットの確率が高いからだ。

昨今、目の回りの小じわが取れると評判の化粧品がヒットしていて、私は買って試してみたが効果は感じられなかった。こうしたことは日常的に行っている。これはマーケティングとしても重要なステップだ。開発能力というのはたかがしれているから、他社の新商品からヒントを得ることは決して悪いことではないのだ。これは大手でもやっている。実際、スーパーミリオンヘアーのほぼ類似商品がこれまで何十と発売されてきた歴史がある。

振り返ってみると、ルアンは一九八五（昭和六〇）年にスーパーミリオンヘアーを出して以来、近年にヘアーファンデーションを発売するまではほぼ一商品だけで成長してきた。

いま現在のルアンが成功したと言えるのかどうか。それは分からない。ただ、もし初期から多彩な商品を展開していたら、売り上げも上がったかもしれないが、在庫を抱えることによって負担も増えていただろう。

多品種展開でも規模の拡大を続けられればまだいいが、成長路線にストップがかかると途端に経営は悪化することになる。そのバランスは非常に難しい。例えば、ルアンのヘアーファンデーションにしても一つのラインナップを新たに発売するとなると、販路に乗せるためには数万本単位の生産が必要になる。ルアンが一〇万本を用意したある商品は、コロナ禍を理由として扱ってもらえないという事態にも直面した。それは在庫となってしまった。そういうリスクを常に抱えているのだ。それでも現在のルアンにはやっていける力があるからいいが、三〇年前、二〇年前ではとても耐えられなかっただろう。

私の経営観では、中小企業は最初からいろいろと多数の商品を出すのではなくて、錐《きり》で穴

ドラッグストアでのスーパーミリオンヘアーの販売

を開けるように、一つの商品で奥深く徹底的に追求して、世界的にも有名になるくらいのレベルまで深掘りすることが大切だ。この考えにたどり着いたのは、スーパーミリオンヘアーを出す前のルアンが、さまざまな商品、事業に次々に着手し、どれも中途半端に終わったという痛い経験があったからだ。私は器用貧乏に陥っていたのだ。だから、スーパーミリオンヘアーの開発に成功したとき、これだけに絞ってやっていこうと決意した。スーパーミリオンヘアーの商品力に懸けた。それが今に至る道筋となった。

この考えは、かつてアシックスの創業者、鬼塚喜八郎氏が語ったことでもある。同社はスポーツシューズで起業し、徹底的にそのクオリティーを追求した。まずバスケットシューズを開発し、次はマラソン用シューズを開発した。全国のバスケットチーム、そしてマラソンランナーがこぞってアシックス製のシューズのユーザーになった。その後、大きくなるにつれてスポーツウエアの会社を買収するなどして、総合スポーツ用品メーカーになった。

このように、最初は一つの分野を錐で穴を開けるがごとく深く追求し、土台ができたところで少しずつ周辺に広げていくという考え方。私はこの鬼塚氏の経営観はまさにその通りであろうと考えている。

ルアンはスーパーミリオンヘアー一本に絞って深掘りして土台を築いた。いよいよ周辺分野に展開していくときが到来したのだ。

現在も続く生島氏とのテレビショッピング

ちょっと、穴を開ける時間が長過ぎたのかもしれない。もうちょっと早く広げていっても良かったのではないかとも考えている。一つの商品だけで三五年も続くというのはあまりないことだろう。われながらよく続けられたと思う。

そんなわけで、いまは少しずつ商品を増やす段階に到達した。場合によっては資生堂のように多彩な商品を展開できる可能性もある。少なくとも過去三五年間でその地盤はできた。

例えば、毛髪関連の大規模な会社でも、ほとんど自社による直販しかやっていない。ルアンのような卸のルートは持っていない。また、海外展開をしていない大規模な会社もある。

これに比べると、ルアンは苦労した分、多彩な販路を確立しているし、これが大きな強みであり、大きな可能性を秘めているのだ。多大な時間を費やし、全国行脚したことがこの可能性につながった。販路を開拓するのは一朝一夕にはできないのだ。会社の財産と言ってもいいだろう。ただ、いまはネットの時代だから、それをいかに使いこなすかということも今後の課題となる。いずれにしてもこの可能性を生かすも殺すも今後の経営次第である。

新宿の看板

渋谷スクランブル交差点の看板

大阪道頓堀の看板

道頓堀の看板

今までを振り返って

大学在学中のアルバイトから始まって、半世紀以上ビジネス一筋の人生を送ってきた。ラッキーだったな、と思う。

自分の好きなように仕事ができた。健康でなければできないことであるし、それが一番だった。思う存分国内外を駆け回るだけの体力があった。

大病や信じていたパートナーの裏切りをはじめ、嫌なことにもたくさん遭遇したが、それらも糧になった。

何事か成し遂げると、人は「自分の力で」と思うものだが、私は運が良かったと思っている。

会社は成功と言えるかどうか分からないし、従業員に給料を支払い、まずまず人並みの暮らしを続けてくることができた。私生活では三人の子どもに恵まれた。それらは、本当に運が良かった。健康に恵まれず志半ばで夢を諦める人、経済的に困窮し食べるのがやっという人もいる。そういう中で、好きなことに打ち込み、人並み以上に生活が営めてくることができた。これに対しては、感謝しかない。

チビ・デブ・ハゲ。これが、若いころから私の悩みの種だった。その悩みを解消するため

阿部祐二さんとのCM撮影

フィリピンの子どもたちへのプレゼント

ボランティア活動
食べ物、おもちゃ、古着をプレゼント
フィリピンの子どもたち

に、神様がチャンスをくれたのだ。「お前と同じ悩みを持っている人たちのために、役立てなさい」と、スーパーミリオンヘアーを開発させてくれたのだと、いま改めて実感している。

私はチビであることにもコンプレックスを持ってきた。外国に行けば、私より小さい人はほとんどいない。人間というものは、なんらかのハンディを抱えているものだ。背が高い人は、もしかしたら私には想像もできない悩みを抱えているかもしれない。「背が高過ぎて、どこでも目立ってしまうのが嫌だ」という悩みは、本人にとっては深刻だろう。

薄毛にしろ、身長にしろ、自分のハンディについて徹底的に悩んでいくと、そこで他の人以上に広く、深くハンディのことについて知ることができる。そうすると、そこで得た知識がビジネスのヒントになる。「恥ずかしい」がビジネスにつながっていくのだ。

そういった意味で、欠点は最大の長所ではないか。

スーパーミリオンヘアーは、私の「薄毛が恥ずかしい」との悩みから生まれた。薄毛を隠す商品というのは、完全なホワイトな商品ではなく、いわば、グレーの分野で、いかがわしさと紙一重である。大企業は決して手を出さない分野だ。しかし、この商品を広め続けたことで、いまやスーパーミリオンヘアーはおしゃれのための商品、つまりホワイト商品へと昇華した。

グレーの分野こそ中小企業がチャレンジすべきだと思う。

フィリピンの孤児院を訪問しプレゼントを渡す

阿部社長の健康法

週3～4回、朝一番に行うエクササイズ。30～40分かけてじっくり行います。

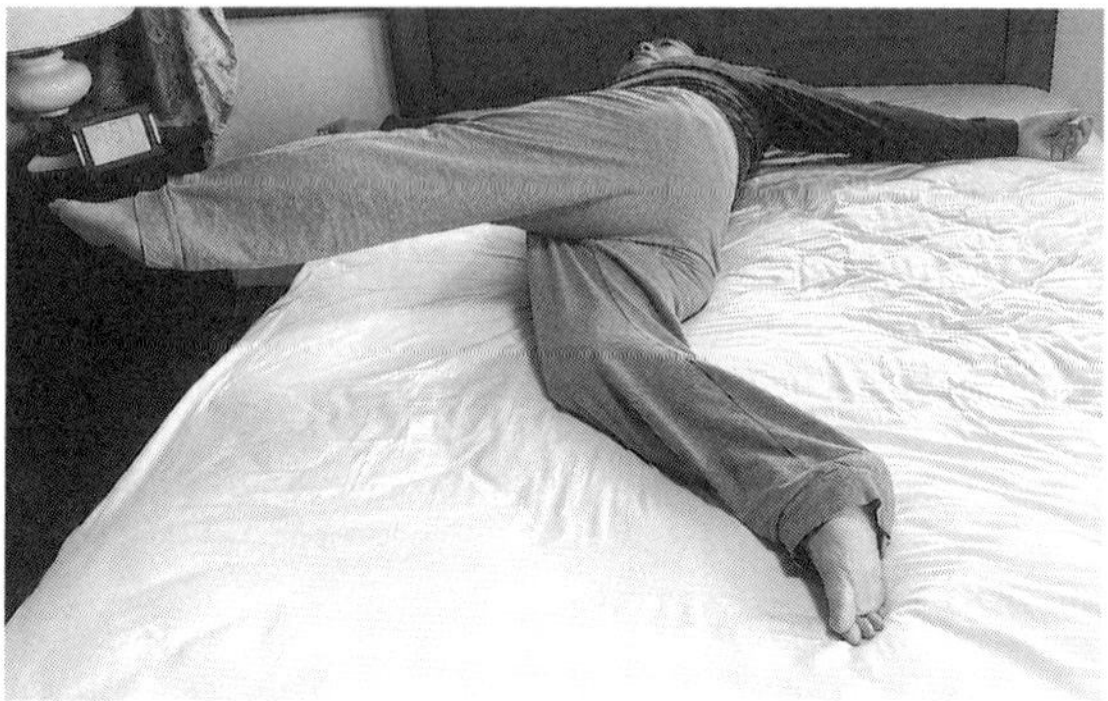

足を交差して行うストレッチ。
左右でそれぞれ 50 秒数えます。

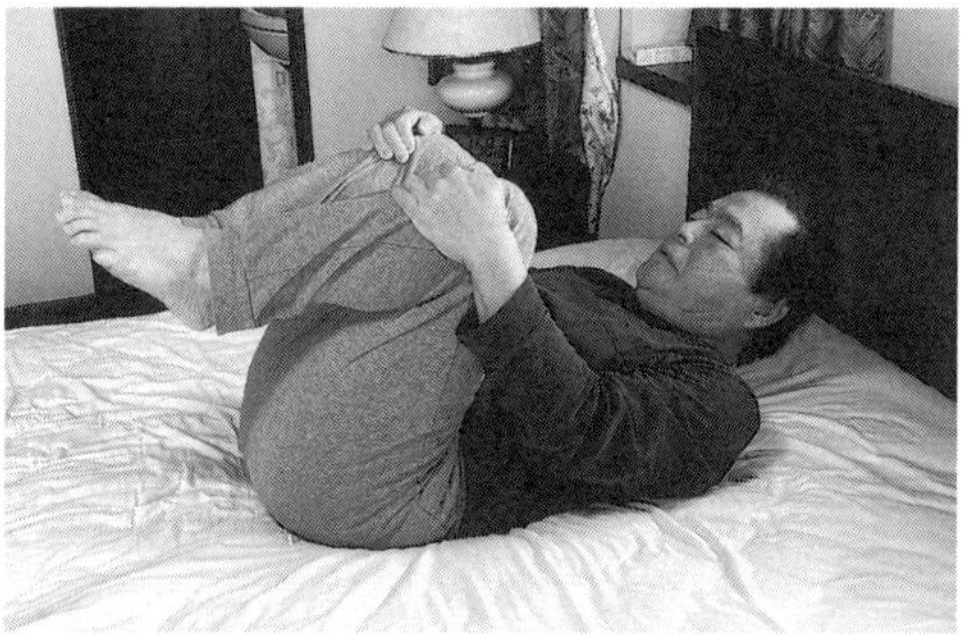

ひざを抱えて行うストレッチ。
抱えたまま 50 秒数えます。

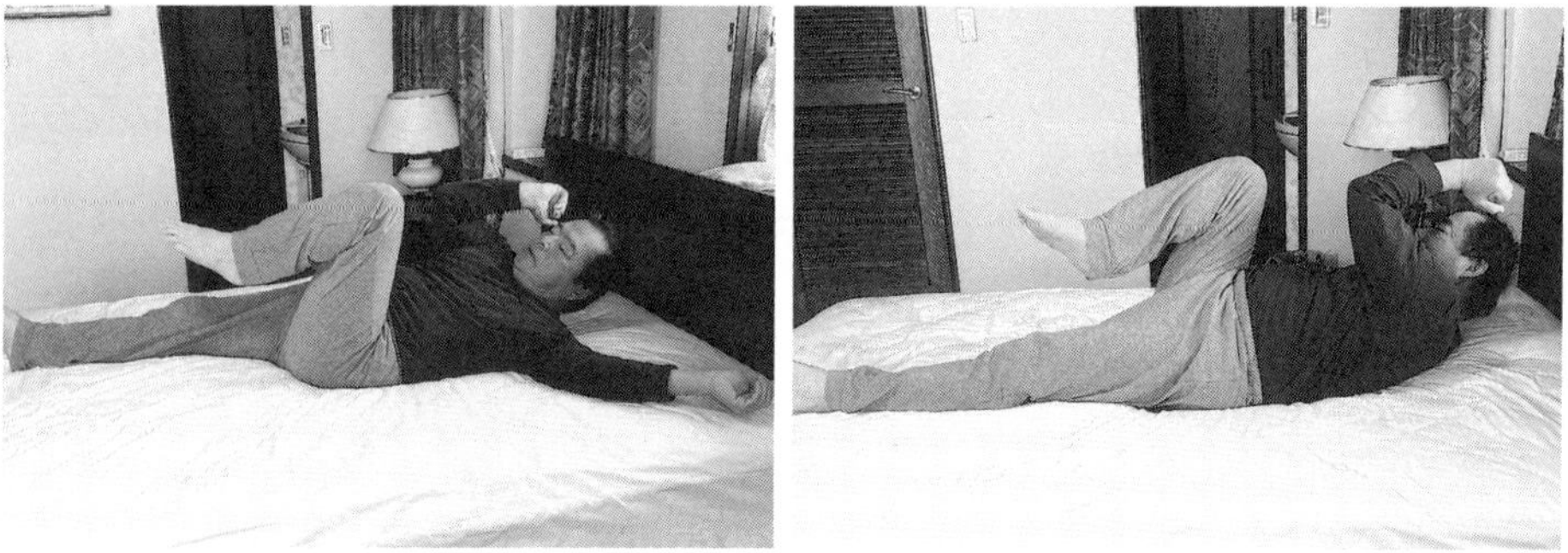

右ひじを左ひざにつけます。左右交代して交互に 60 回行います。

EXERCISE

足を上げる腹筋、70 回行います。

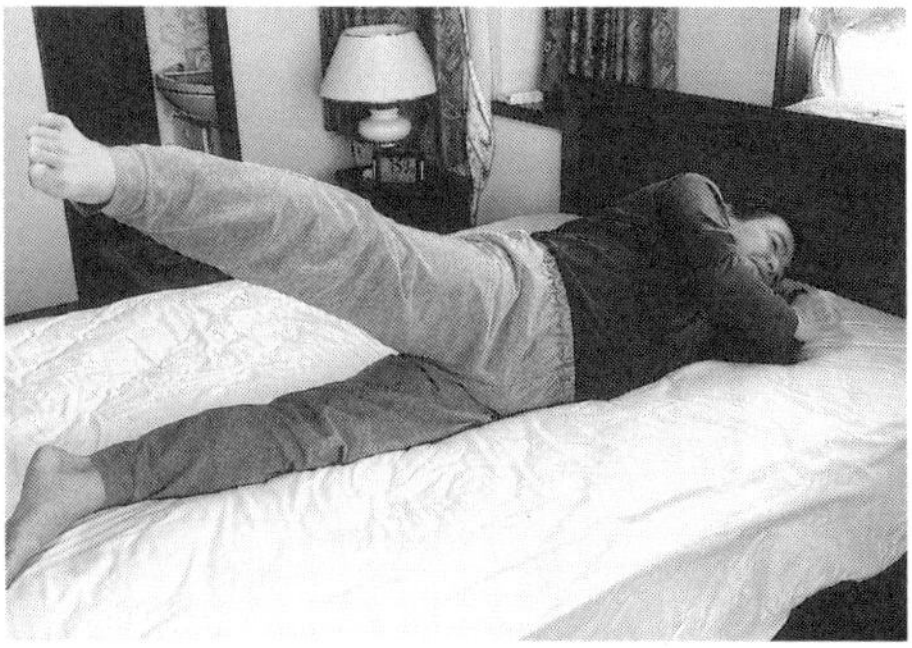

横向きになり足を上げます。左右 50 回ずつ行います。

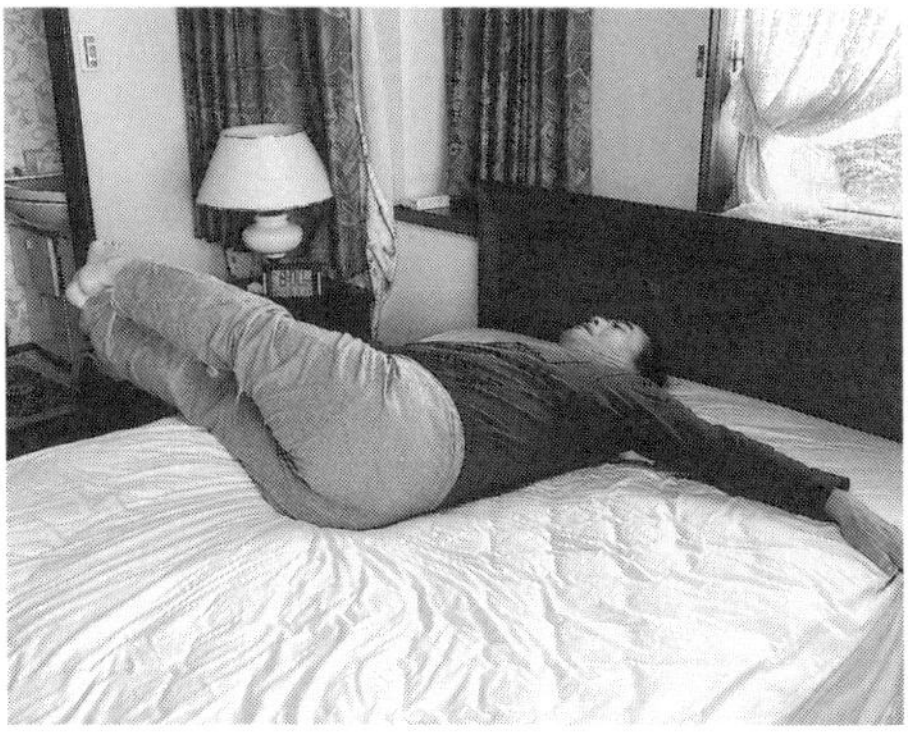

両足をそろえて左右に倒します。60 回行います。

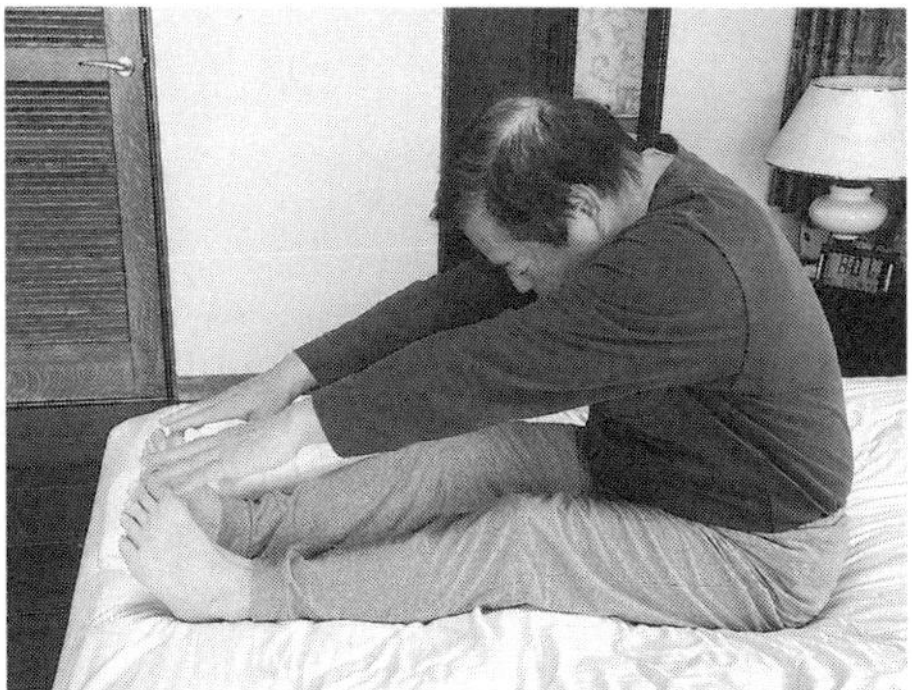

前屈、50 回行います。

腰を持って足を持ち上げます。
その姿勢を50秒キープします。

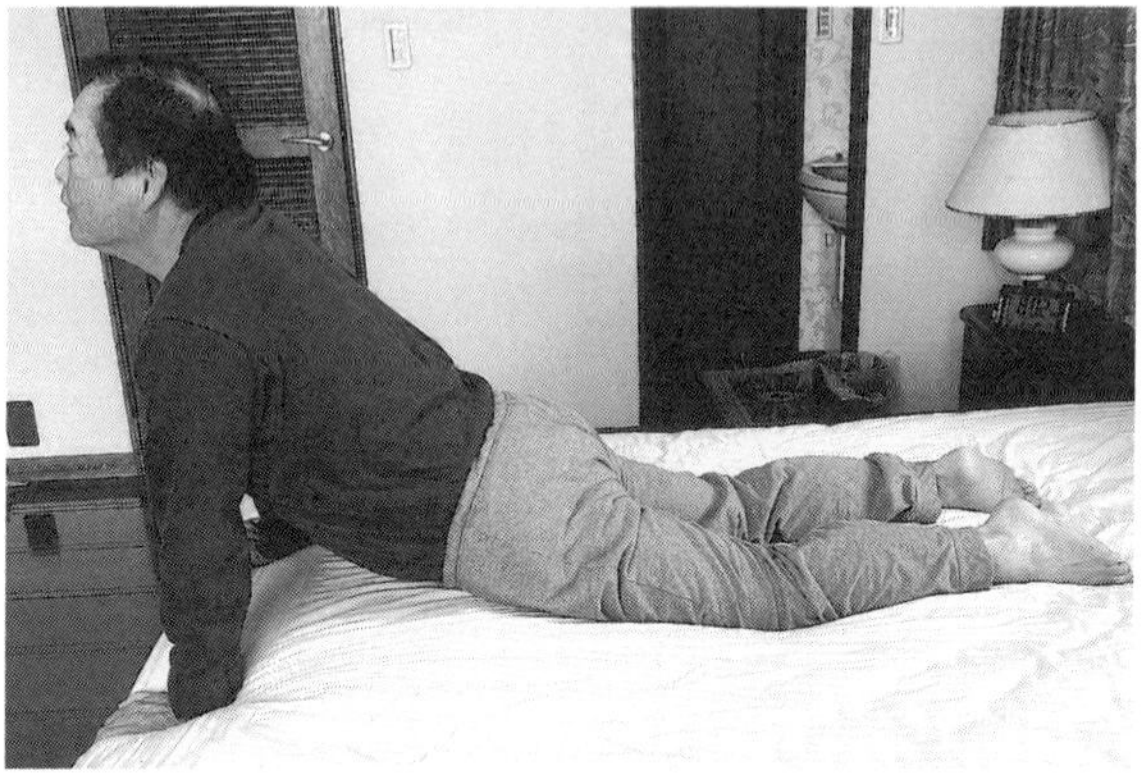

両手をついて体を反らします。50秒キープします。

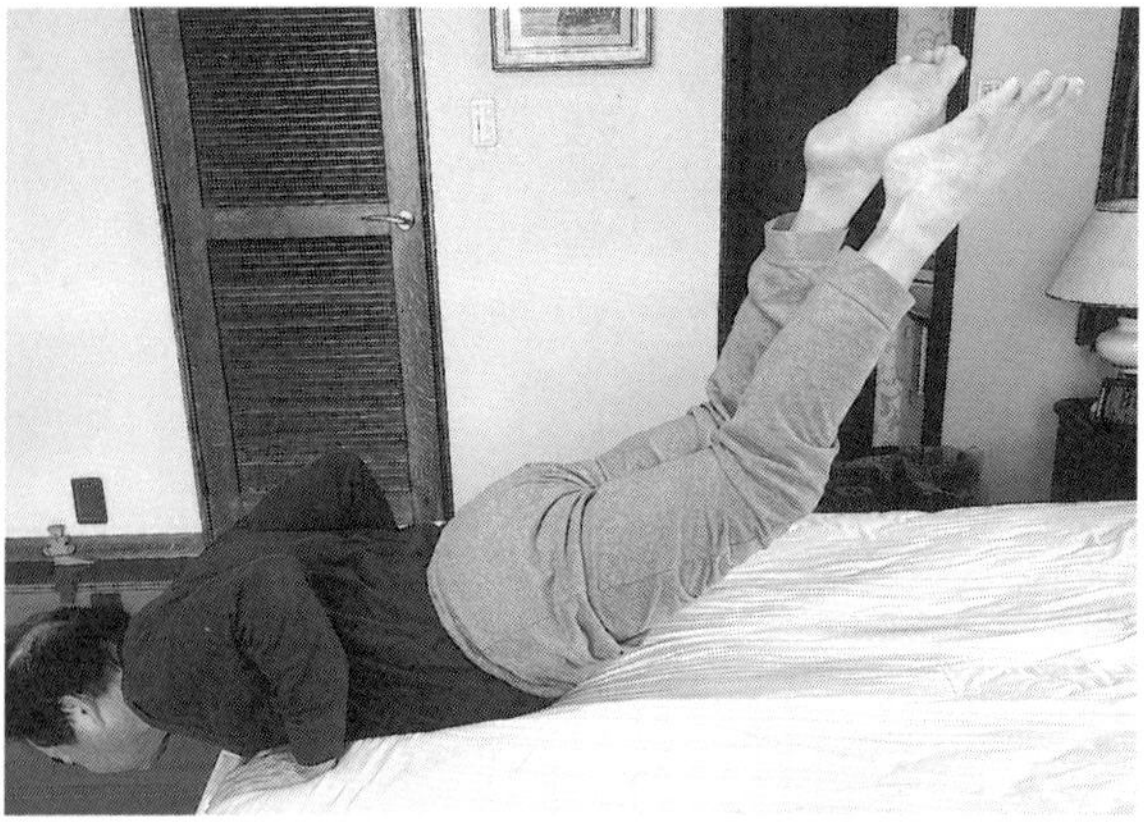

うつ伏せになって足を上げ下げします。100回行います。

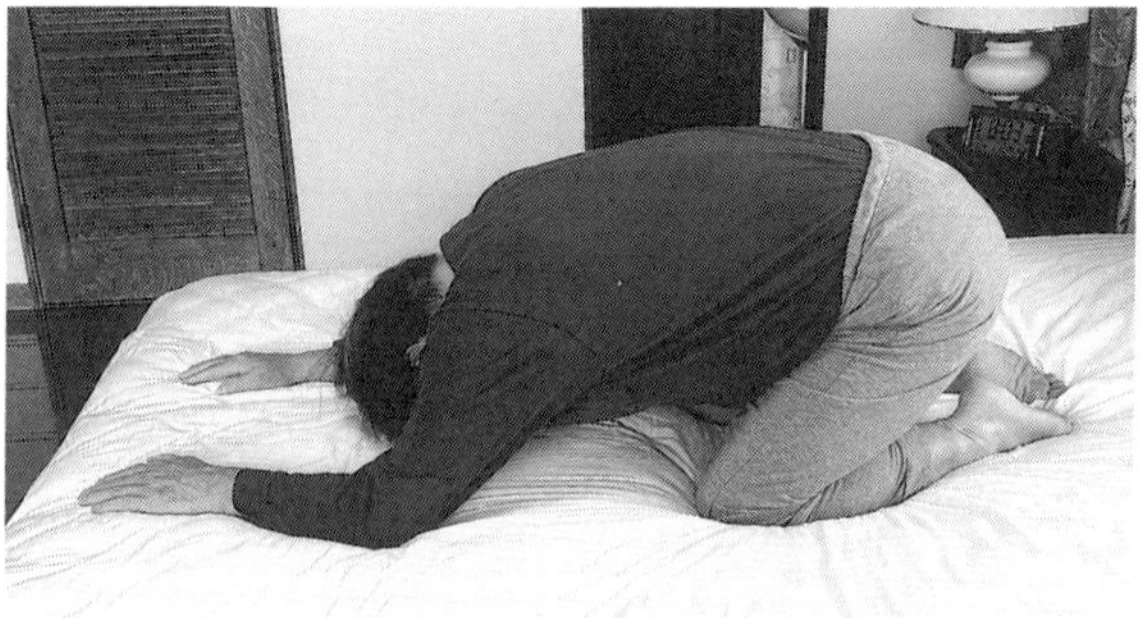

背中を伸ばすストレッチ。そのままの体勢を50秒キープします。

三点倒立、30 秒キープします。そのまま開脚して 10 秒キープします。

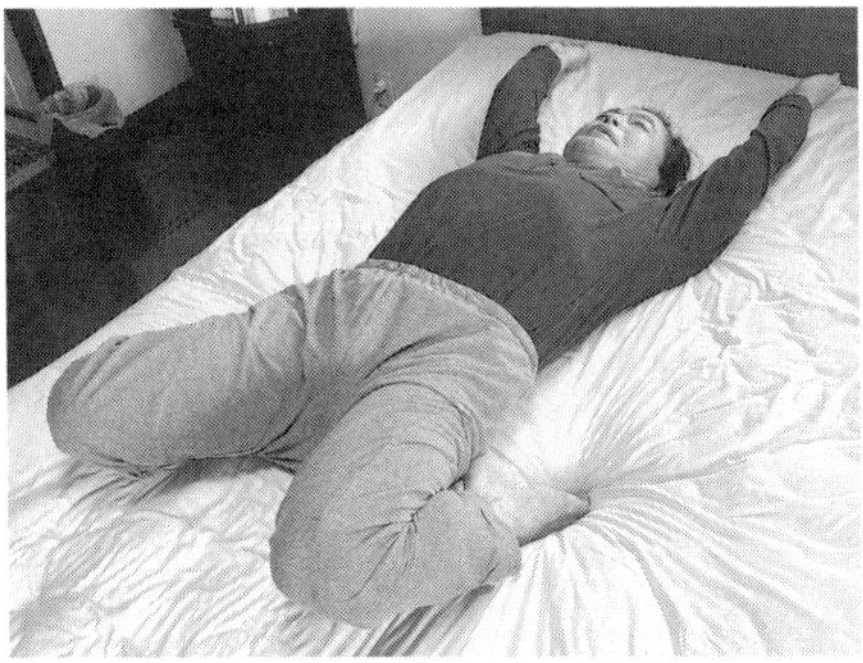

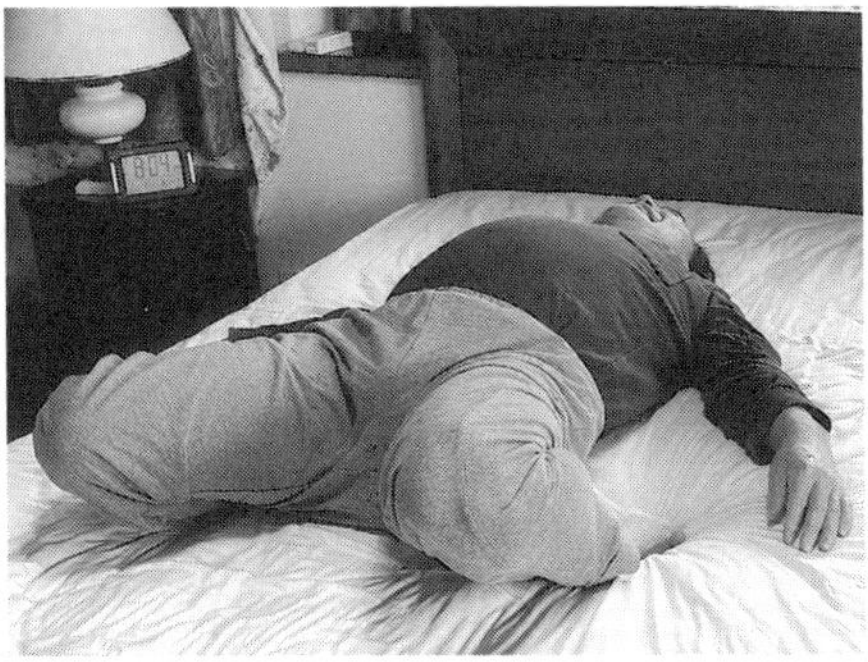

足を曲げるストレッチ、30 秒キープします。そのまま手を上げて 50 秒キープ。

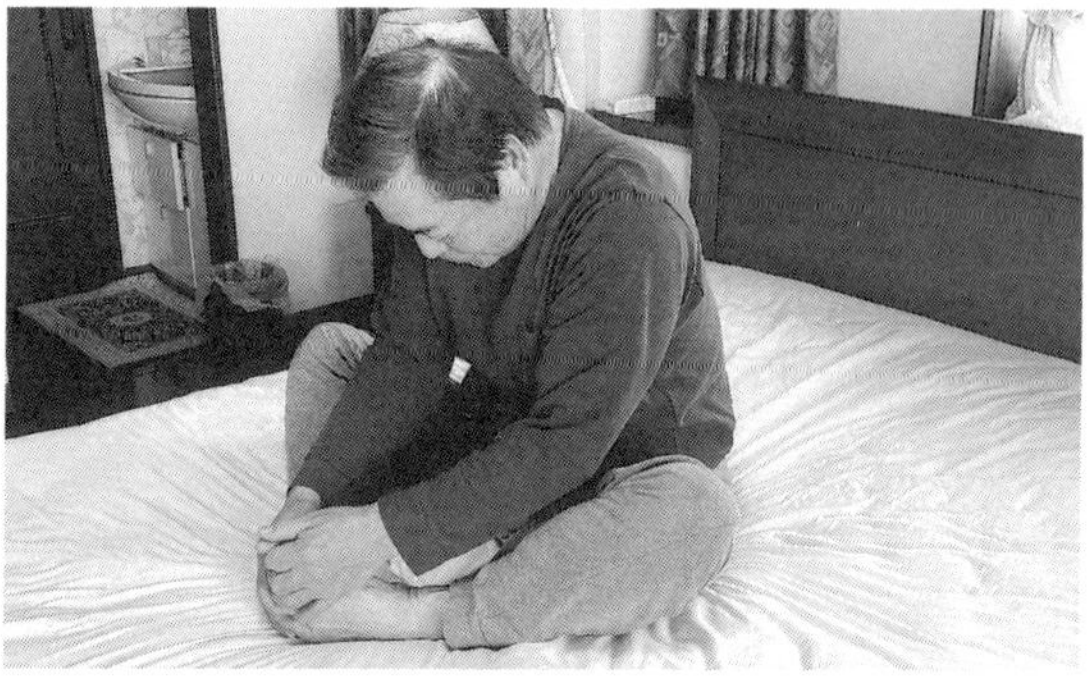

足を抱えて前屈、50 回。

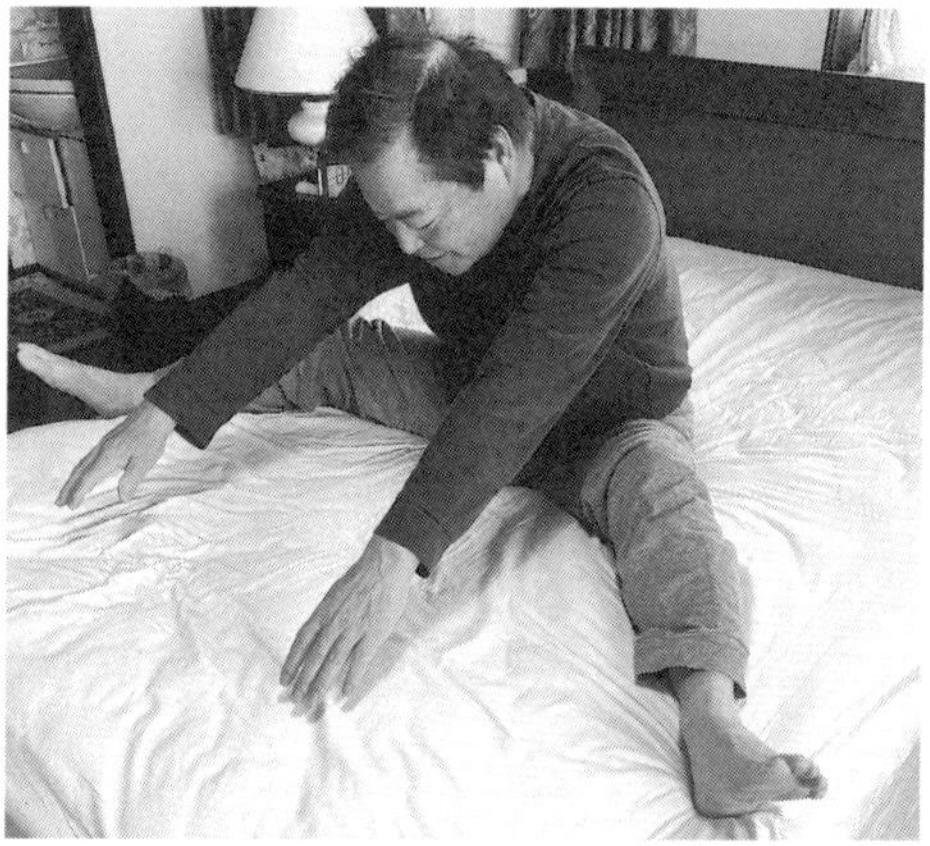

開脚して前屈、50 回。そのまま左へ 50 回。右へ 50 回。

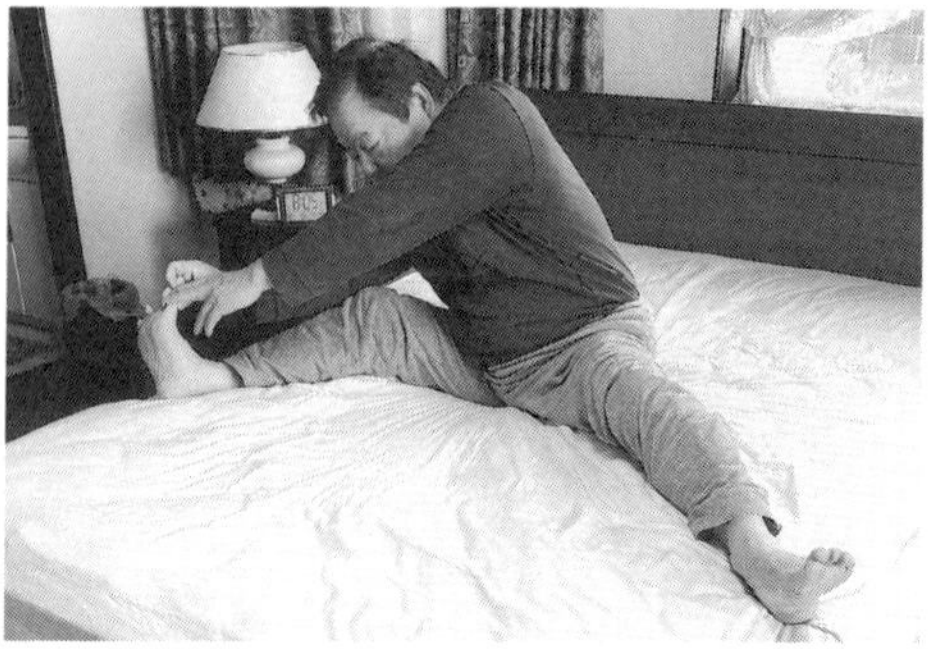

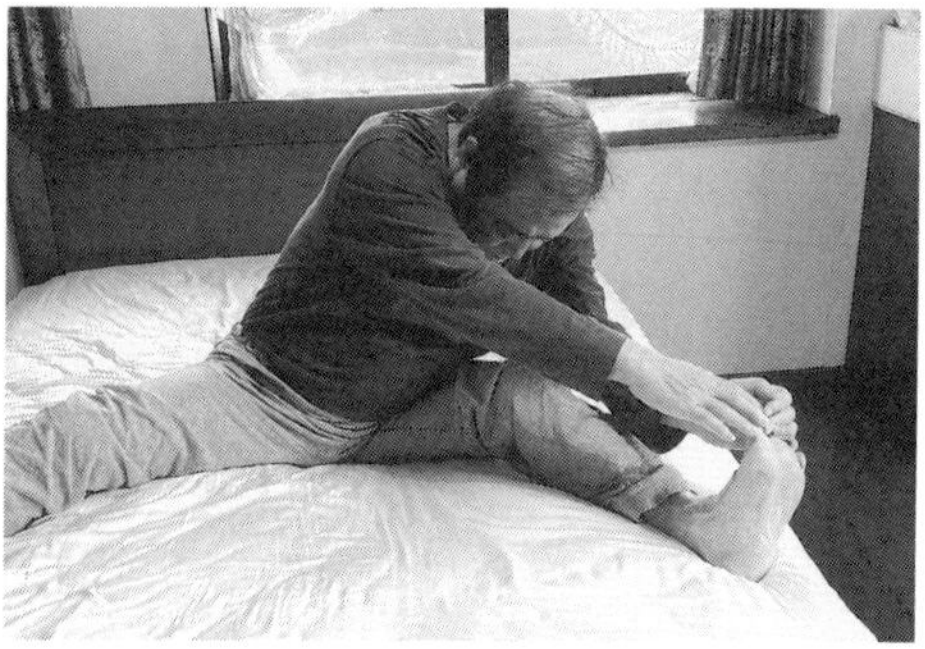

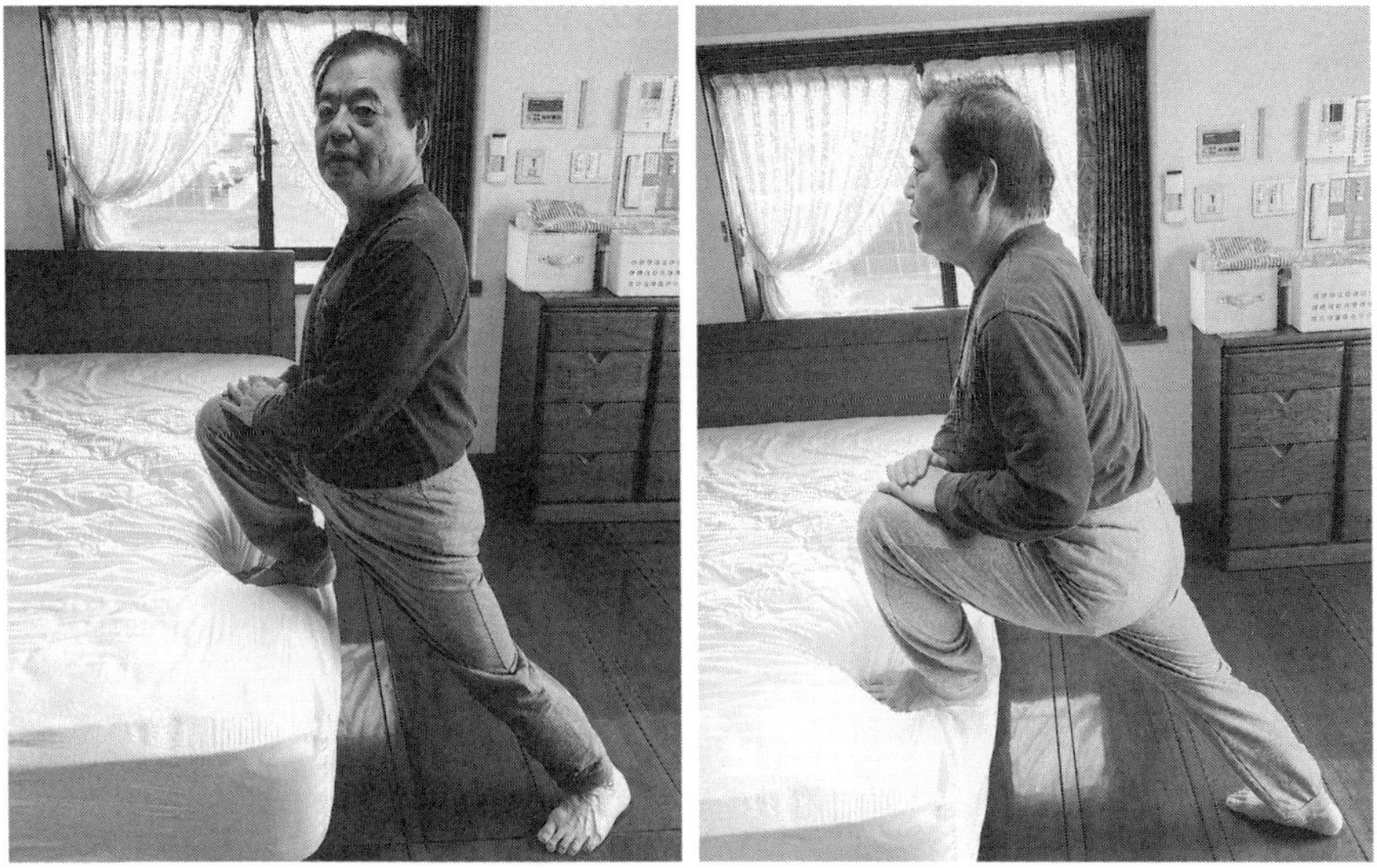

アキレス腱を左右交互 50 回伸ばします。

腰を8の字を描くように動かします。左右交互に 20 回。

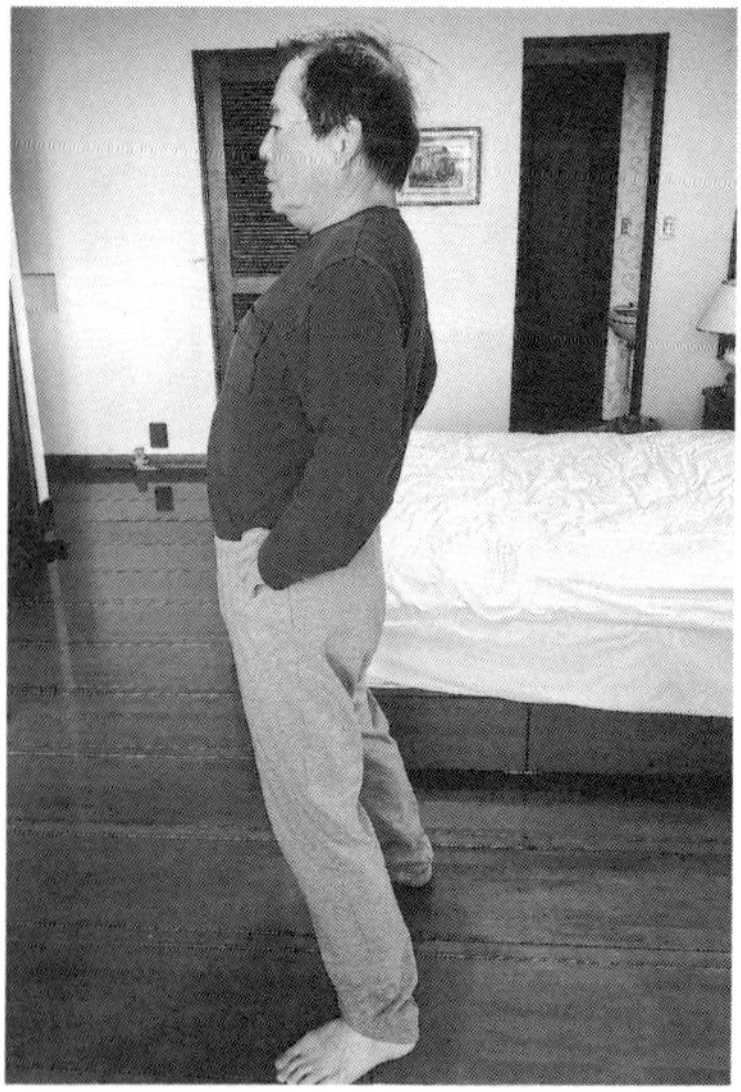

腰を前後に速い速度で動かします。

腰を速い速度で左右に 50 回揺らします。

ひじを抱え込んでストレッチ。左右 50 秒ずつキープします。

EXERCISE

腕を抱えて左右に曲げます。それぞれ 50 秒ずつ。

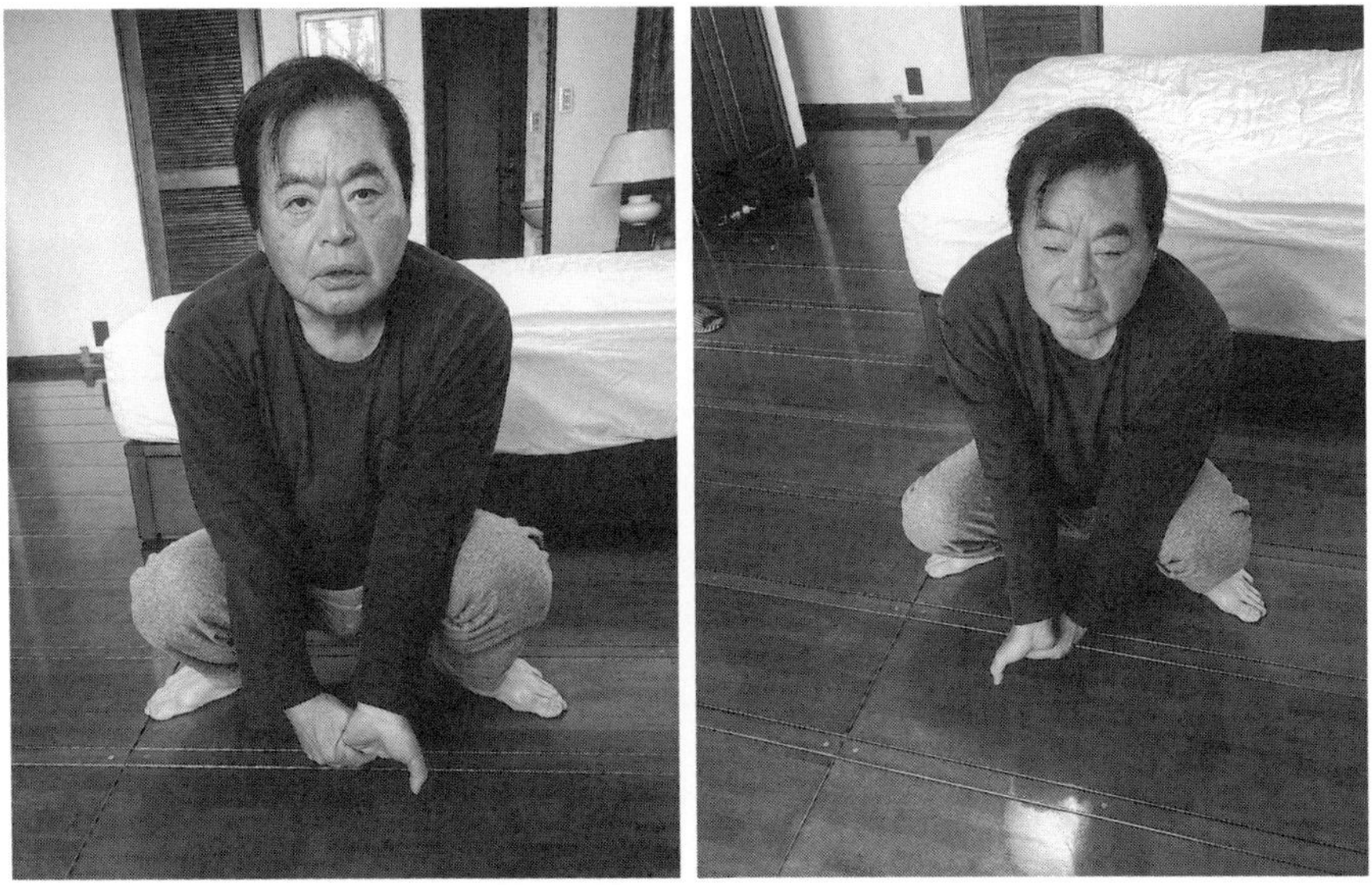

しゃがんで指を持ち、手首を伸ばします。左右 50 秒ずつ。

スクワット 50 回。

倒立 30 秒キープします。

著者略歴

阿　部　　　稔

あべ　みのる

1947年（昭和22）

９月18日、群馬県新田郡宝泉村藤久良（現、群馬県太田市藤久良）生まれ

1963年（昭和38）	群馬県立太田高等学校へ入学
1966年（昭和41）	日本大学へ入学
1970年（昭和45）	太田市で美容体操教室、学習塾を開業
1971年（昭和46）	エリナ営業所を前橋市内に開設
1973年（昭和48）	ルアン設立
1986年（昭和61）	スーパーミリオンヘアーの開発 70の国と地域へスーパーミリオンヘアーを広める
2023年（令和５）	ルアン創業50周年

スーパーミリオンヘアー

山あり谷あり

スーパーミリオンヘアー創業者　阿部 稔の半生

2023年4月4日発行

著　者　阿部　稔

発　行　上毛新聞社営業局出版編集部
〒371-8666　群馬県前橋市古市町1-50-21
TEL 027-254-9966